www.tredition.de

AF196242

Das Schicksal, Frau, beschuldige nicht!

Die dunklen Mächte, Frau, die dich da schinden,

Sie haben Name, Anschrift und Gesicht.

Bertolt Brecht

Helmut Hoppe

Das Hegen der Schafe

**Wie für eine Profit maximierende Wirtschaft
nutzbare Menschen angefertigt werden**

www.tredition.de

Verlag: tredition GmbH
ISBN: 978-3-86850-860-4
Printed in Germany

Bibliografische Information der Deutschen Nationalbibliothek:
Die Deutsche Nationalbibliothek verzeichnet diese Publikation in
der Deutschen Nationalbibliografie; detaillierte bibliografische Da-
ten sind im Internet über http://dnb.d-nb.de abrufbar.

Inhaltsverzeichnis

Einführung

Wahrscheinlich hat der, jedenfalls bei der Jagd nach den besseren und gut entlohnten Arbeitsstellen, noch die besten Chancen, der die doppelten Anforderungen des Arbeitsmarktes frühzeitig in sein Inneres aufgenommen hat. Er muss deshalb in seinem Verhalten in einer für ihn und andere besonders glaubhaften, wenig gespielten Weise sich als marktfähig und verwertbar anpreisen.

Dem Einzelnen, dessen Arbeitskraft vom Unternehmer eingekauft wird, erscheint jedoch seine erfolgreiche Selbstdarstellung als Ergebnis seiner eigenen, ganz privaten Geschicklichkeit. Hat er es geschafft, den begehrten Posten erklommen, dann werden die Demütigungen der Verlierer schnell vergessen. Der Stolz sich ganz alleine durchkämpft und es geschafft zu haben, wird zum brüchigen Sockel des eigenen Selbstbewusstseins.

Über solche verherrschenden Deutungen, über solche Individualisierungen, in denen der einzelne als seines Glückes Schmied erscheint, findet eine Ideologie der bürgerlichen Sachkenner auch noch Eingang in das Alltagsbewusstseins und in die Persönlichkeitsentwicklung derjenigen, die als Aussortierte unter ihr am meisten zu leiden haben.

Solche Botschaften gibt uns Orientierung, und unterstützt uns bei der Wahrnehmung des Leistungsvermögens der Anderen bei uns einen Impuls auszulösen, diese Anderen, zur Verbesserung meiner eigenen Marktchancen, auszuschalten. Dieses beruhigende Signal des fremden Leidens und des fremden Niedergangs auf dem Arbeitsmarkt gibt uns eine angstfreie Sicht der eigenen Lebenslage.

Der Marktfähige musste erfolgreich instrumentalisiert werden, um selbst zum brauchbaren Instrument werden zu können.

Der innige Gebrauch vom vorgefertigten Alltagsbewusstsein hilft uns, Bedrohungen und Konfliktfälle mit Abwehrregeln und einer erlernten Abgestumpftheit zu überstehen.

Doch es muss nach den Mechanismen gefragt werden, wodurch sich unsere Welt, in die die Gesellschaft sich für uns verwandelt, so erklärt.

Dieses Buch versucht diese unbewussten Zwänge ausfindig zu machen, die für eine Abwendung von dem sorgen, was den sozialen Ort gefährden könnte.

Es will nicht die Moral in Stellung bringen, sondern die inszenierte Realität begreiflich und fassbar machen. Die Menschen hinter ihren Masken aufsuchen. Denn die Kunst, acht Stunden täglich auf einem drehbaren Bürostuhl zu verbringen und diese Übung 40 Jahre lang zu wiederholen, ohne dass hierzu noch irgendeine Kette aus Eisen vonnöten ist, verdient Beifall. Eine erfolgreich durchgeführte Dressur.

Es muss etwas geben was sich hinter der Abrichtung, hinter der Maske verbirgt. Was versteckt sich hinter dem Blumenkübel, hinter dem beseelen der feinen Bekleidung und Mittelklassewagen, hinter schablonenhaften Verhalten? Was versteckt sich hinter Seidenkrawatten und der Anhäufung von Geld? Wer reicht uns die Masken?

Ist das Versteckte etwa die Angst vor der Ungewissheit, die Angst vor der Bedeutungslosigkeit, die andere zu nutzen wissen?

Erstes Kapitel

Eine Annäherung an die Lage von Überzähligen

Durch die chronische Ungewissheit von Beschäftigungsperspektiven schleicht sich Angst in das Seelenleben der Menschen. Ein Versinken in die soziale Bedeutungslosigkeit droht. Wiederkehrende Arbeitslosigkeit, befristete Beschäftigung und Leiharbeit sind ein Muster der Kultur des Zerfalls. Diese Überflüssigen im Produktionsprozess haben keine Funktion mehr. Doch in der Öffentlichkeit werden sie als Kostgänger wahrgenommen, die den staatlichen Kassen zur Last fallen. Somit ist ihnen wenigstens eine Funktion im sozialen Prozess geblieben. Eine besondere, die andere im Spiel ums Wohlfühlen anleitet.

Die Dauerarbeitslosen, bzw. diejenigen, die der Öffentlichkeit als Problemgruppe vorgestellt werden, geraten verstärkt zur auserkorenen Gruppe der Sündenbockstrategie.

Zugleich gewinnt die Erwerbsarbeit unheimlich an Reiz und Verlockung. Ihre dauernde Beanspruchung erblüht zu einem Statussymbol. Insbesondere in den höher qualifizierten Berufsgruppen pflegt man lange Arbeitszeiten. Wer nicht erwerbstätig ist, verliert somit soziale Anerkennung. Es fehlen ihm die Mittel, um sich Ersatz für fehlende Statussymbole zu beschaffen. Der Verlust der Arbeit Anderer in einer erwerbsarbeitfixierten Gesellschaft ist daher immer eng mit eigenen Gefühlen der sozialen Überlegenheit und des Eingeschlossenseins verknüpft. Denn auf der einen Seite wächst der Zwang zur Erwerbsbeteiligung, um sich wohlig zu fühlen und dem sozialen Nichts durch Arbeitslosigkeit zu entkommen. Anderseits werden durch die bedrückenden Zukunftsgedanken immer mehr Menschen von Arbeitsplatzbesitzern aus dem Ring gedrängt.

Bei dem Zusammentreffen unterschiedlich privilegierter Gruppen am Arbeitsmarkt, sowie Stigmatisierung derer, die aus dem Erwerbsleben gedrängt wurden, betritt nun der Aussortierte die Bühne der Gesellschaft. Auf ihr tummeln sich streitende Gruppen mit hohem sozialem und kulturellem Kapital mit denen, die keine entsprechenden Kapitalien erzielen konnten.

Der Überzählige ist nicht mehr im Spiel. Diese neue soziale Figur ist insgeheim willkommen, denn nun können Andere sich im Publikum verharrend beruhigt zurücklehnen.

Unterschiedliche Gruppen sind auf dem Marsch zum Rand der Arbeitsgesellschaft. Sie sind verschiedener sozialer Herkunft, sie unterscheiden sich in ihren Erwerbsbiographien. Nur eines ist ihnen allen gemeinsam: Im Arbeitsmarkt, aus dem sie gedrängt wurden, haben sie aktuell keine Chancen. Dieser Umstand, aus dem Spiel zu sein, prägt ihr Selbstbild, ihr Verhältnis zur Gruppe der Erwerbstätigen, und schleift neue Spuren in ihrem Gehirn. Auf wen treffen wir auf den Abstellplätzen der Arbeitsgesellschaft?

Wir treffen auf Frauen und Männer, die ihren Lebensmittelpunkt verloren haben. Langzeitarbeitslose resignieren, denn ihr Erwerbsleben ist still gestellt worden. An eine Rückkehr in Arbeit glauben sie nicht mehr. Heute wissen sie nicht, woran sie sich halten können. Im Bewusstsein der eigenen Überflüssigkeit finden sie keine Antwort auf ihre ausweglose Lage. Der demütigende Blick der Arbeitsbesitzer tut seinen Rest.

Dieses Kreisen in der Abstiegsspirale ist vielen Arbeitslosen bekannt, denn sie verlieren ihren Halt und ihre Qualifikation. Der stetige Wechsel von Kurzfristjobs, Leiharbeit und Fortbildung führte sie Schritt für Schritt an den Rand der Gesellschaft. Oder waren sie schon immer im Randbereich? Erst in der Randbelegschaft, und nun in der Randgesellschaft am Rande der Stadt.

Was empfinden dagegen die Mitglieder der Kernbelegschaft, die beruflich und sozial Etablierten? Vielleicht heimliche Freude oder

Stolz auf die eigene Leistung? Sie merken nicht, dass ihre Nützlichkeit von ihrem sozialen Umfeld vorgerichtet wurde.

In den Randlagen der welkenden Arbeitsgesellschaft treffen wir auf viele Jugendliche ohne Beruf, die den wachsenden Lerndruck des Erwerbslebens nicht gewachsen sind. Die meisten von ihnen sind ohne Schulabschluss, und haben viele Warteschleifen durchlaufen. Trotz dieser Überbrückungen ist der Einstieg ins Berufsleben gescheitert. Hat man vergessen, dass alle jungen Menschen eine gute Ausbildung brauchen, oder will man diese Unterschiede. Hauptschüler schätzen schon früh ihre Chancen, sich im Erwerbssystem zu etablieren, sehr pessimistisch ein. Man nimmt ihnen dort in der Hauptschule jegliche Hoffnung und den Eifer ein Ziel zu verfolgen. Sie fühlen sich sozial abgehängt und defizitär neben Gymnasiasten und Realschülern. Ihr ganzes Leben werden ihnen diese Unterlegenheitsgefühle als schwere Last auf den Schultern liegen, gebeugt und hoffnungslos. Dafür bekommen andere die Möglichkeit erfreut auf sie herab zu schauen.

Diese soziale Schieflage ist eine Herrschaftsfrage in unsere Gesellschaft. Die Verteilung der Erwerbsarbeit steht nicht im Vordergrund der Ökonomie, sondern die Profitmaximierung der Unternehmen für eine kleine Gruppe der Vermögenden.

Der zentrale Gegenstand der politischen Auseinandersetzung ist eben nicht nur die Ausbeutung der unteren Sozialschichten, sondern das Heranpirschen starker gesellschaftlicher Gruppen an üppige Tröge.

Eine wichtige Rolle spielt der technologische Wandel in der Arbeitswelt. Die rasante Produktivitätssteigerung der letzten Jahre wurde aber nicht für eine Verkürzung der Arbeitszeit genutzt, sondern um Erwerbsgruppen für einfache Tätigkeiten schnell aus dem Markt zu drücken. Statt sie gezielt auszubilden, konnten Inhaber von Bildungszertifikaten in Kernbelegschaften aufsteigen.

Man denke sich eine frühe Gesellschaft, die sich an einem Fluss niedergelassen hat. Da lassen die mächtigen Gruppen Wassermühlen bauen und baden im kristallklaren Wasser, jedoch die schwächeren dürfen sich einmal am Tag einen Kübel Wasser holen.

In engem Zusammenhang mit dem technischen Wandel stehen die veränderten betrieblichen Strukturen, wodurch Unternehmen aufgespalten und die Beschäftigten ausgegrenzt werden. Trotzdem hätte die Politik dem Effizienzstreben der Wirtschaft nicht hilflos gegenüber stehen dürfen, und die integrative Kraft der Berufsarbeit für alle den Arbeitgebern zur Auflage machen müssen. Die Herausbildung einer Randlage von Aussortierten wäre dadurch verhindert worden. Erwerbsarbeit für alle beginnt mit einer Verkürzung der Arbeitszeit im Rahmen der jährlichen Produktivitätssteigerung ohne Lohnausgleich. Geben hierfür wohl die dann bedrohten Arbeitsbesitzer ihr Einverständnis?

Denn nur die, die aus der Anerkennungsmaschinerie der Berufsarbeit herausfallen, bekommen die schrecklichen Wirkungen zu spüren.

Diese Ausgliederung aus dem Erwerbsprozess hätte man aufhalten können, wenn schon ab 1980 die Arbeitszeit sukzessiv mit dem technischen Fortschritt verringert worden wäre. Doch Arbeitgeber und Kernbelegschaften hatten die stärkere Position, sie drängten Schwächere aus dem Arbeitsleben mit furchterregenden Folgen. Eine ungeheure Masse von Menschen ist nun ohne Arbeit oder in prekären Beschäftigungsverhältnissen untergebracht. Die Solidarität zerbrach in diesem mörderischen Spiel um die besten Plätze im Berufsleben.

Auch die Politik ist in einer schwachen Position. Sie versorgt die Überzähligen zwar mit Brot und kargen Behausungen, aber die Herrschaftsverhältnisse kann sie nicht verbiegen.

Nicht nur aus dem Arbeitsmarkt sind die Geschwächten ausgegliedert, auch gleichermaßen aus dem Heirats- und Partnerschaftsmarkt.

Soziale Netze als Sicherheitsnetze und Aufstiegsnetze sind zerrissen. Neue können nicht geknüpft werden, denn Seminare und erlesene betriebliche Weiterbildung sind nur für Leistungsgruppen vorgesehen, nicht für Faulenzer und Unwillige. Welche ertragreichen Maßnahmen werden den Abgedrängten von Sozialämtern zugewiesen?

Das Leben am unteren Saum einer wohlhabenden Gesellschaft macht einsam und bleibt weitgehend verborgen. Dieses Randleben ist eine soziale Figur unserer Wirtschaftsordnung, Bote eines Zerfalls. Es streut Angst in einige beunruhigte Gruppen, aber es bringt die Menschen noch nicht aus der Fassung. Gleichwohl, dieser Bote hat gewaltigen Einfluss auf das politische Klima. Er sorgt in vielen Bereichen des Arbeitslebens für Statusunsicherheit und Angst vor dem beruflichen und sozialen Absturz. Die Last auf die, die noch Arbeit haben wächst enorm. Diese Verwundbarkeit reicht bis in Mitte der Gesellschaft.

Zudem entfacht diese zementierte Arbeitslosigkeit heftige Verteilungskämpfe um Arbeit, und um knapper werdende wohlfahrtsstaatlicher Mittel. Diese Mittel, eher Schweigegeld als Fürsorge, werden natürlich von den im Erwerbssystem Etablierten als ein moralisch zweifelhafter Kostenfaktor oder als Hemmschuh besserer wirtschaftliche Entwicklung thematisiert. Viele sehen den Genuss der Früchte des eigenen Aufstiegs durch die dauerhafte Ausschüttung von Sozialleistungen gefährdet.

Der schändliche Empfang von Sozialleistungen hat so ein Stigma von Unfähigkeit und Sorglosigkeit erhalten. Im Medienbewusstsein assoziiert es mit Schmarotzertum, Gleichgültigkeit und Alkoholkonsum. Der Staat könne sich so etwas nicht leisten, und es wird Selbstverantwortung von den Überflüssigen eingefordert.

Mit dem dauerhaften Herausfallen aus dem Arbeitsleben droht eine Schwächung des sozialen Zusammenhalts. Denn die Berufsarbeit stiftet Sinn, und verhilft zum stetigen Konsum, ohne dass die dahinter lauernde Macht sichtbar wird. Arbeit für alle bedeutet immer auch Kontrolle über alle. Aber die Nichtbeteiligten am Erwerbsleben nähren den Verdacht der Unordnung, des Unangepassten und des Parasitären. Die Eingliederung in das gesellschaftliche Herrschaftsgefüge wird brüchig.

Die Frage ist nun, mit welchem politischen Kitt dieses baufällige Gefüge ausgefüllt werden soll. Die Zeichen der Politik deuten auf autoritäre bestrafende Maßnahmen.

Die jammernde Sozialfigur auf der Bühne der modernen Wirtschaft ist durchdrungen von Gefühlen der Unsicherheit, Neid und Sinnlosigkeit. Der Siegeszug der Lohnarbeit verweht. Daran stößt sich das subjektive Drama der Arbeitslosigkeit, denn Annerkennung, Status und Wohlstand sind heute nur denen versprochen, die Zugang zur Lohnarbeit haben. Hier wird die schonungslose Arbeitsmarktpolitik der Herren in feinen Anzügen deutlich. Sie bringen Unterbeschäftigte gegen Arbeitslose in Anschlag, um von ihrer eigenen Machtfülle abzulenken. Die Arbeitsmarktteilhabe auch für die Ausgesonderten durch eine veränderte Verteilung der Arbeit ist in dieser Gesellschaft wohl nicht möglich. Zu groß sind die Ängste der Besitzenden und dadurch die Abschottung nach unten. Wer möchte schon seine soziale Positionierung, die aufwändig erklommen wurde, für andere in Gefahr bringen.

Die Verschärfung sozialer Ungleichheit seit den 1980er Jahren ist auch in anderen westlichen Ländern beobachtet worden. Trotz der wohlfahrtsstaatlichen Segnungen in unserem Land, ist hier die Verteilung der Arbeit ein überragendes politisches Problem geblieben. Denn gerne werden konjunkturelle Schwankungen und die neue Technik für die Beschäftigungs- und Personalpolitik der Unternehmen als Ursache für die Langzeitarbeitslosigkeit verantwortlich gemacht. Es scheint plausibel, wie Massenarbeitslosigkeit entsteht. Das Medienbewusstsein schiebt die Aufmerksamkeit in eine vorgefertigte Richtung. So kann die Aussortierung auf dem Arbeitsmarkt sorgsam privatisiert werden.

Leider hat es schon immer einen gespaltenen Arbeitsmarkt gegeben, mit gewollten Ausgrenzungsmechanismen. Unser Bildungssystem leistet da gute Vorarbeit, denn es ist ein hervorragender Filter. Er trennt Personen die ein Zertifikat für einen gesicherten und qualifizierten Arbeitsplatz haben sollen, von denen, die kein Zertifikat benötigen, wenn sie später in ungesicherte Arbeitsverhältnisse abgedrängt werden sollen. Das ist ein schon lange etabliertes Merkmal des deutschen Beschulungssystems. Eine starke Mittelschicht konnte sich hierdurch bilden. Sie hat ihr Bildungssystem so strukturiert, dass Kinder aus schwachen Sozialschichten in dem Primarstufensieb zur Hauptschule herab fallen. Nach diesem Sturz haben Jugendliche keine Kraft mehr sich für begehrte Schulabschlüsse aufzurappeln. Sie rütteln heute an den Pforten der Aufgestiegenen. Wie kann man sie abweisen? Ich rufe laut: Ihr habt selbst Schuld! Den Rest übernimmt der Sozialstaat mit Alg. II, und wir können nun wieder etwas ruhiger schlafen.

Die Mittelschicht kann so ihren Nachwuchs zu Globalisierungsgewinnern verhelfen, da sie über genügend kulturelle und soziale Mittel verfügen, die ihnen Zugehörigkeiten und Positionen sichern. Diejenigen aber, deren Mittelausstattung sehr gering ist, sind nicht mehr im Spiel. Diese ausgespielte Gruppe hat noch nicht die Mehrheit in unserem Land, jedoch sie wächst unaufhaltsam.

Das Spähen in die soziale Sackgasse sollte aber dennoch zum Nachdenken anregen. Das herrschende Konzept der Aussonderung übernimmt zu unkritisch eine Perspektive, wo eine Person nur als Arbeitskraft interessant ist, die, sobald der Verwertungsnutzen an ihr erloschen ist, ausgetauscht wird.

Was in den Türmen der Städte erwünscht sein mag, nämlich mehr Wettkampf, äußert sich auf der kleinen menschlichen Ebene verhängnisvoll, da die individuellen und sozialen Folgekosten ignoriert werden. Die Politik unterstellt nun aber gleichgültig den Ausgesonderten und Überflüssigen Pflichtvergessenheit. Eine unlustige Sozialtechnik wird eingemeindet, eine Eliminierung des Sozialen eingeläutet.

Dies sind keine Krisen der Arbeitsgesellschaft oder Wirkungen der Globalisierung. Das sind politische Gefechte, zur Sicherung von Stabilität und zur Bindung wichtiger Wählerschichten. Eine Neuverteilung der Erwerbsarbeit darf es nicht geben. Der größte Teil der überzähligen Arbeitsbevölkerung wird vielmehr über einen Maßnahmenmodus weiter an das wackelige Erwerbssystem gebunden und somit integriert, obwohl Arbeit auf dem ersten Arbeitsmarkt immer weniger nachgefragt wird. Eine ohnmächtige Bewältigung, um die Macht herrschender Kreise im Hintergrund zu verschleiern. Sie gibt diesen Menschen in den Weiterbildungsaktionen eine welkende Hoffnung, es ist schauderhaft. Denn viele klammern sich an diese Nachbildung, doch manche haben schon voller Selbstvorwürfe aufgegeben, ohne zu ahnen, weshalb sie schon vor vielen Jahren aus einem Wettkampf ausgeschieden wurden.

Zweites Kapitel

Das Unerbittliche

Bei den bisherigen Gedankengängen zum zwischenmenschlichen Verhalten in den Marktsphären Bildung und Arbeit und ihren Folgeprobleme haben wir das Bestehen von Konkurrenz unter den Menschen schon immer beständig mitgedacht oder sogar vorausgesetzt. Denn nur über den gnadenlosen Zwang der Konkurrenzbeziehungen – bei Strafe des wirtschaftlichen Untergangs – setzen sich die Merkmale der Bildungs- und Arbeitsbesitzer überhaupt als schematisches Verhalten in den einzelnen Menschen fest. Ohne die Konkurrenz kann man an ihrem Verhalten im Wirtschaftssystem so gut wie nichts verstehen.

Dabei ist sie zunächst keine persönliche Einstellung, oder ein unmoralischer Verhaltensstil, den man durch guten Willen abbauen könnte, sondern eine zwingende Tatsache unseres Wirtschaftssystems. So hängt die ständige Verschärfung der Gegnerschaft durch Arbeitslosigkeit mit gewaltsamen sich durchsetzenden Veränderungen auf den Weltmärkten zusammen, die wenig kontrolliert sind. Insofern kann man den Einzelnen nicht verantwortlich für diese Verhältnisse machen, denn es herrschen objektive Verhaltenszwänge. Obwohl diese Zwänge sich also als eine unpersönliche Sache entwickeln, schlagen sie sich in der Psyche der Menschen nieder. Die Individuen sind gezwungen, wenn sie aufeinander stoßen, den jeweils anderen zu schädigen, so dass einer auf der Wegstrecke liegen bleibt.

Die größere Leistung eines anderen Menschen ist keineswegs etwas erfreuliches, über das ich mich freuen könnte, weil es mir im gesellschaftlichen Rahmen auch zugute kommt, sondern primär etwas, das bei mir selbst Versagensangst, und die Angst überflüssig zu sein, hervorruft. Die Wahrnehmung der Fähigkeiten der Anderen, löst bei mir einen Impuls aus. Es beherrscht mich ein Interesse an der Ausschaltung derer, die mir gefährlich werden könnten. Manchmal gesellt sich zu der Abdrängung des anderen auch sehr schnell etwas Freude an seinen Leiden. Diese heimliche Freude hat ein zusätzliches Beruhigungssignal, und es gibt mir das Gefühl eigener Kräfte. Diese Konkurrenzabhängigkeiten überträgt sich schleichend auf alle Sozialbeziehungen, nistet sich in die Seelen und in das Alltagsbewusstsein ein. So fördert unsere Ökonomie die Entwicklung eines Menschen, der das Gefühl, selbst ein gesichertes Leben führen zu können, nur dann hat, wenn er andere Leiden sieht. Bei einer verschlechterten Arbeitsmarktlage kann man es bei Bewerbungsauftritten in vielfältig verfeinerten Formen beobachten.

Die Bestimmtheit des menschlichen Verhaltens durch die Wirtschaft, welche die aggressiven Teile im Handeln zu unerträglichen Verselbstständigung treibt, wird im Alltagsbewusstsein verschleiert, und ist weitgehend für das bürgerliche Denken sehr kennzeichnend. Wer am härtesten ist, und seine Einzigartigkeit und Leistungskraft auf Kosten der anderen am deutlichsten beweist, ist der Erfolgreichste. Die dekorativen Randfiguren bei einem Auftritt, wie Maßanzug, Handtasche oder Mittelklassegefährt, sind dann die beachtlichen Symbole der Position. Diese Symbole sollen auch die persönliche Hinterbühne des Auftretenden verdecken, um die Schwächen und Ängste zu verstecken.

Einfache Symbole bevölkern ganze Kauflandschaften und Werbespots im Fernsehen. Oft sind es auch unsinnige und unnütze Produkte, die als feine Instrumente angeboten werden, denn es sind eher Zeichen der Illusion oder Langeweile.

Viele Erwachsene tendieren durch bescheidene Aufstiegsverheißungen dazu, sich gegenüber den prekär beschäftigten Arbeitenden als etwas Besseres zu fühlen und beziehen ihr brüchiges Selbstbewusstsein aus dem Festhalten an bürgerlich-reinliche Formen des Zusammenlebens. Da drehen sich täglich viele Millionen Waschmaschinen mit einem neuen Waschmittel, und nach tausendfachen Drehungen schreit die Wäsche aus den Trommeln: ich bin sauber, sauber, sauber! Dieser zur Schau getragene symbolische Konsum ist eher etwas Fassadenartiges, der artig zu beschaffen ist. Diese Fassade wird über Medien, Schulen und andere bewusstseinsherstellenden Einrichtungen als etwas Selbstverständliches in unser Alltagsbewusstseins eingewoben.

Das Verhältnis der Menschen zum Erwerbsleben wird durch die drohende oder wirklich erfahrene Arbeitslosigkeit entscheidend mitgeprägt. Dass die Angst vor dem Verlust des eigenen Arbeitsbesitzes in verborgenen Formen auch bei Angestellten, die äußerlich gesichert scheinen, weit verbreitet ist, wird in vielen Therapien entschlüsselt. Diese Angst ist nämlich ein unausbleiblicher Begleiter unserer Wirtschaftsordnung. Sie ist gleichzeitig für die Unternehmen noch die zuverlässigste Quelle zur Beschaffung von Arbeitsmotivation. Bekanntlich sinken Krankenstände in Zeiten größerer Unsicherheit ganz erheblich. Auch wird die Forderung nach mehr Lohn oder Demokratisierung am Arbeitsplatz sofort stark ein gedämmt, mit dem wissenschaftlichen Hinweis darauf, dass eine Schmälerung der Profite unweigerlich in der scharfen Weltmarktkonkurrenz die Arbeitsplätze gefährden würde. Diese erzeugte pure Angst ist das strengste und zugleich unpersönliche Zuchtmittel, das die Eingliederung der Menschen in unser Gesellschaftssystem sichert. Wie wirkt sich nun die Furcht oder der tatsächliche Hereinbruch der gefürchteten Arbeitslosigkeit auf die zwischenmenschlichen Erfahrungen und auf betroffene Familien aus? Welche Wirkungen werden an Kinder ungewollt und unbewusst weitergereicht?

Der Schlag ins Gesicht, der durch Arbeitslosigkeit verspürt wird, bedeutet, wer nicht arbeitet, soll verschämt zu Boden blicken. Dieser Blick zu Boden, diese Schamreaktion, wird von Menschen mit gesichertem Einkommen und ihrer Leistungsideologie hervorgerufen, weil sie auf die Verlierer herabblicken. Die Gewinner, die noch im Spiel sind, lassen dann auch schreiben: Die Nichtarbeiter sollen ihren Gürtel enger schnallen und nicht unseren Staat ausrauben. Das gute Gehalt der Leistungsbürger, dessen Anhäufung zum Zwecke des verbesserten Konsums im privaten Haushalt, diese Verlockungen, dient als Abwehr gegen Hoffnungslosigkeit durch drohende Arbeitslosigkeit. Diese beständige Drohung zeigt besonders deutlich, was die gleichgültige und verselbstständigte Ökonomie aus den Menschen macht. Man kann aus guten Gründen dieses Handeln als hilflos bezeichnen. Denn dieses Hundeleben der einen und das jämmerlich Feine der anderen sind nicht zukunftsfähig. Wann wird die Axt an diese Wurzeln gelegt, und in veränderndes Handeln umgemünzt?

Sind da in den verödeten Schlafstätten der Wohnsilos an den Rändern der Städte oder in den bürgerlichen Wohnvierteln der Stadthäuser und an Südhängen noch Aufschreie möglich?

Die Familie schrumpft zur bloßen Fernsehkonsumstätte und Auftankstation, sie steht als Gegenpol nicht mehr zur Verfügung. Auch in den Großstädten schwindet sie langsam wie ein dahin siechender Fluss. Das dadurch Zurückgeworfensein auf scheinbar ganz individuelle einsame seelische Problemlagen erschwert solidarisches und politisches Handeln. Dieses ist auch eine Bedingung dafür, dass zwischenmenschliche Probleme wie Trennungen, mit denen sich die Hirne von immer Leuten beschäftigen, so erfolgreich und einseitig psychologisiert werden können, statt sie vor dem Hintergrund der herrschenden Ökonomie zu beleuchten.

Statt Aufschreie gibt es nun aber reichliche Ersatzgegenstände. Unsere Konsumgesellschaft mit ihren wirtschaftlichen Zwängen zur ständigen Marktausweitung hat auch für die Masse der Bevölkerung wunderschöne Dinge geschaffen, die früher kaum zu erahnen waren. Die kurzfristigen Konsumgüter – Kosmetika, Handys, Kleidung und Handtaschen – sollen Reste der Selbstverwirklichung kitten. Diese abwechslungsreichen und ablenkenden Gegenstände erhöhen allerdings auch die Müllberge. Ein anderer beliebter Versuch zur Wiedererreichung eines bedeutsamen Sinns, welcher eine gemeinsame Richtung geben soll, ist zum Beispiel das rapide Umsichgreifen der Haustierhaltung. Eine künstlich erhaltene Welt von Ersatzstücke dieser Natur in Gestalt von aufwendigen Tieren, Gärten und großen Topfpflanzen sollen gleichsam als Trost für das Innere fungieren. Was kann da alles vorübergehend gekittet werden. Neben diesen Beispielen der Ersatzgegenstände gibt es auch eine wunderbare Vielfalt. Es ist jedem absolut freigestellt, ob er sich vorrangig für Hunde, Autos, Kinder, Segelboote, gutes Essen oder Fluchtreisen in den Süden interessiert. Diese Suchbewegungen in Richtung eines tieferen Sinns zielen auf eine beruhigende Übereinstimmung im vorgefertigten Alltagshandeln, um einer Angst zu entfliehen oder das Gewissen zu besänftigen. Regte sich da etwas im Gewissen, ein kurzer Schrei, wenn ich mit meinen Dienstwagen am Abstellgleis eines Arbeitsamtes vorbeifahre?

Die Menschen auf den Abstellgleisen der Arbeitsbeschaffungsmaßnahmen müssen eine strenge Enttäuschungsfestigkeit einüben.

Diese Gleise als Nebenprodukt unserer Wirtschaftsordnung sind nicht nur Reibungsverluste, sondern haben auch etwas Nützliches in sich. Diese Thematisierung im Alltagsbewusstsein produziert die Angst vor eigenem Statusverlust, und schweißt die Arbeitsbesitzer in einem Kollektivbewusstsein zusammen. Denn je fragwürdiger, mittelbarer und gebrochener der soziale Zusammenhalt der isolierten Besitzer ist, je dringender benötigt diese Gesellschaft eine Scheinsolidarität, die sich aus einer gemeinsamen Empörung über das bequeme und untätige Verhalten der Arbeitslosen herleitet. Diese gemeinschaftliche Empörung über das Verhalten und bei seiner aufmerksamen Verfolgung in den Medien sind unbewusste Interessen mit im Spiel, die auf eine Erhaltung des Status quo hinauslaufen: auf eine Verfestigung des jeweiligen brüchigen Kompromisses, den man selbst mit den Normen und der eigenen Wut eingehen musste.

Wenn man es in dieser kapitalistischen Gesellschaft zu etwas bringen will, oder auch nur seine wirtschaftliche Existenz über Wasser halten will, dann muss man schon einiges können: erstens muss man die unterschiedlichen Gebote des zwischenmenschlichen Miteinander zwischen den Lebensbereichen des Arbeitsmarktes, der Produktion und des privaten Konsums sauber auseinander halten können. Man muss zweitens in der Lage sein, die wirtschaftlichen Seiten des Alltags und die sozialen Verpflichtungen unter einen Hut zu bringen, damit es gelingt ohne Orientierungsverluste, Verwechslungen oder lähmende moralische Skrupel durch die Klippen der widersprüchlichen Rollenanforderung hindurchzulavieren. Wer Vertrauensseligkeit in sein Marktverhalten mit hineinschleppt, weil er nicht gelernt hat, sich ihrer rechtzeitig zu entledigen, der dürfte in kürzester Zeit den Überlistungsstrategien seiner unmittelbaren Konkurrenten auf dem Arbeitsmarkt zum Opfer fallen. Wer etwas geworden ist, eine allgemeine Fähigkeit zum sozialen Auftritt hat, kann aber ebenso gut Leute als Konkurrenten in einer besonders erfolgreichen Weise wirtschaftlich in den Abgrund schieben. Für die Ausgebooteten ist dann der anonyme Sozialstaat zuständig. Dieses rückgradlose und gummiartige Verhalten, das auch an den Nachwuchs weitergegeben wird, ist aber gefährlich, weil es die ökonomisch bedingte Gleichgültigkeit, Flexibilität und Unverbindlichkeit im Zwischenmenschlichen unhinterfragt unterstützt und vorantreibt. Es entsteht ein stummer Zwang zum weiter so, untermauert von einer Politik des schwebenden Schwertes Arbeitverlust und Ansehensverlust.

Auf diese merkwürdigen Formen des menschlichen Zusammenlebens im kapitalistischen Erwachsenenalter werden nun die Heranwachsenden in Familie, Kindergarten und Schule vorbereitet. Dabei geschieht diese Vorbereitung weitgehend unabhängig vom guten Willen der Erzieher und ihrer Lernziele. Dieses Bereitmachen zur Anpassung geschieht eben dadurch, dass sich eine Wirtschaftsordnung in alle Lebensbereiche einnistet. Ein Bereich ist der Kinderwunsch, er wird hinten angestellt, da die Zukunftsaussichten ungewiss geworden sind. Mit Hund und Auto ist es geruhsamer zu leben. Und wenn Kinder da sind, dann wird ihnen etwas aufgebürdet. Kompensationsbedürfnisse in einem Familiengehäuse durch ökonomische Probleme der Eltern; kein Hüpfen und Klettern im Wald an Nachmittagen, sondern alljährliche Fluchtbewegungen zum Süden. Nach der Schule bietet sich für die Kinder das Fernsehen als Ersatzgegenstand und Ventil für das Neugierverhalten geradezu an. Von Sekunde zu Sekunde wechseln die Bilder, und so wird das am Morgen mühsam im Hirn Kurzgespeicherte schnell wieder gelöscht.

Man kann daraus folgern, dass eine stumpfe Gesellschaft die Individuen, die sie benötigt, niemals erziehen könnte, würde in solcher Erziehung nicht folgenreich in die Sinnlichkeit des Kindes eingegriffen. Wenn heute zunehmend die Kindheit bereits in der Kindheit vernichtet wird, die Erfahrung der Kinder zweckgerichtet abgerichtet wird, dann wird jener Infantilismus einer Konsumbiographie gerade systematisch gezüchtet, die sich mit der herrschenden Normalität, dem Alltagsbewusstsein, so gut verträgt. Da entsteht eine Persönlichkeit, die es gut versteht, sich ans Milieu anzupassen und den erforderlichen Profit herauszuschlagen.

Drittes Kapitel

Die Herstellung des Alltagsbewusstseins

Es ordnet sich den gesellschaftlichen Verhältnissen vor, weiß schon immer was geschieht und wie gehandelt werden soll. So macht sich das Alltagsbewusstsein zu einem engstirnigen Alleswisser. Es erschließt keine neuen Horizonte, und bewegt sich innerhalb von Denkleitplanken. Auch das, was von der sozialen Situation thematisiert wird, über das reflektiert werden könnte, ist damit schon in Grenzen festgelegt. So gewinnt das Alltagsbewusstsein im sozialen Großraum eine gewisse Abgehobenheit und Gleichgültigkeit gegenüber einer Fülle von sozialen Situationen. Automatisiertes Denken sichert das Vertraute, und – das ist für uns von besonderer Bedeutung – es sichert die Orientierung der Menschen im heiklen sozialen Erleben, es verbürgt Entlastung. Notwendig ist es zum Beispiel bei der Routinetätigkeit Autofahren. In diesem Feld bezeugt es große Ignoranz trotz hunderttausender Unfälle jährlich mit grausigen Folgen, die es wiederum am Leben erhält. Das Alltagsbewusstsein entscheidet darüber, ob ein zukünftiges unheilvolles Ereignis zum Thema, also bewusst verarbeitet werden kann, oder durch Verdrängung, Nichtzulassung der Wahrnehmung des Erlebnisses im Vorfeld abgewehrt werden muss. Die Nichtwahrnehmung und Abwehr entlastet, damit der alltägliche Wahnsinn auf allen sozialen Ebenen, das alltägliche dümmliche Tun und Treiben ungestört sich vollziehen kann. Man sieht es an den gefüllten Autobahnen an Sonntagen trotz Klimaschäden; an den Beschimpfungen der Arbeitslosen trotz fehlender Arbeitsplätze. Diese schablonenhafte Wahrnehmung setzt sich also auch gegenüber ihr offen widersprechende Information durch. Die folgenden Handlungsmöglichkeiten erscheinen als völlig natürlich, auf die wir uns eingerichtet haben.

Wann immer ein Zweifel in mir entsteht, ich weiß, mein Gegenüber würde mich auslachen, wenn ich ihn aussprache. Oh ja, ich kann schweigend über mich selbst lachen und die Achseln zucken, oder allmählich bedenklich mit der Stirn runzeln. Doch das Alltagsbewusstsein ist streng und konservativ und möchte Veränderungen nicht gelten lassen. Es versucht daher das Bekannte zu bewahren, bei dem ihm Vertrauten bleiben. Welches Bild macht sich das Alltagsbewusstsein von der Gesellschaft?

Es hat Strategien, wie wir in Krisenfällen – Verunsicherung, Bedrohung, Konfliktfälle – unsere Alltagswelt, die Wiederherstellung ihrer Wirklichkeit regeln. Das Alltagsbewusstsein behauptet sich durch Wiederholung von Abwehrregeln. Diese Abwehrregel ist ein Schutzmechanismus, mit dessen Hilfe frühkindliche Wunschbilder oder stereotype Vorstellungen, wie der Gute, der Allmächtige, gegen Ängste und bedrohliche Themen aufrechterhalten werden. Den wiederholenden Gebrauch von früh sozialisierten Abwehrmustern angesichts neuer und fremder sozialer Situationen benennt man mit dem Begriff Übertragung. Sie tritt an die Stelle richtiger Wahrnehmung, da die Realität nicht erkannt werden soll.

Die Übertragung ist die schwankende Brücke zwischen einer sozialen Situation und unserer harmonisierten Lebenswelt.

Übertragung ist das Erleben von Gefühlen, Haltungen und Abwehr gegenüber einer Person in der Gegenwart, die zu dieser Person gar nicht passen, sondern die eine Wiederholung von Reaktionen sind, welche ihren Ursprung in der Beziehung zu wichtigen Personen der frühen Kindheit haben und unbewusst auf Figuren der Gegenwart verschoben werden.

Der klassische Übertragungsbegriff bezieht auf die Psycheanalyse. Um die Bedeutung der Übertragung in Alltagssituationen erfassen zu können, muss sie auf Gruppen erweitert werden. Die Furcht unser Selbstbild einzubüßen, zwingt uns zu einem Bündnis. Mit dem Alltagsbewusstsein stimmen alle über ein. Wer allerdings diese rituelle Ordnung verlassen will, wird von der Öffentlichkeit als Bedrohung gebrandmarkt.

Ein Beispiel aus dem Alltagserleben: Menschen sind von Arbeitslosigkeit bedroht, statt gemeinsam die Ursachen, der technische Fortschritt, durch strukturelle Veränderungen zu begegnen, igeln sie sich ein, und erhöhen die Umzäunung um ihren Besitz. Durch dieses Verhalten können Unternehmer gut Ausgebildete in ihren Hochlohnsektor locken, und weniger gut Gebildete aus ihren Toren drängen. Zwei Gruppen stehen sich nun im Kampf um Arbeit mitleidlos gegenüber. Die Drohgebärden der Arbeitgeber erhöhen das Übertragungsgeschehen, und die Geängstigten ringen blind um ihre Förmchen.

In diesem Vorgang lebt ein Bewusstseinsmodus wieder auf, der der narzisstischen Stufe der Entwicklung zugerechnet werden kann. Besonders konflikthafte Familienbünde fördern individuelle Abwehrformen, indem angsterzeugende Inhalte vom Bewusstsein ferngehalten werden.

Die utilitaristische Praxis ist die fest verankerte Verfahrensstrategie des Alltagsbewusstseins. Das pragmatische Denken und Handeln macht sich wesentlich in den Lebensbereichen der Erwerbsarbeit bemerkbar. Die Menschen erleben die Welt nur in ihrer praktischen Benutzbarkeit. Das Manipulieren wird zum Endzweck. Sie geben auf, sie selbst zu sein, und übernehmen die Sorte Persönlichkeit, die sich in Form einer Schablone ihnen darbietet und aufgrund derer sie genauso werden, wie man es von ihnen erwartet.

Die mediale Welt des Fernsehens und der Zeitschriften sorgt hilfsbereit für eine Übereinstimmung in der Schablonenauswahl, sie umgeht Themen, die das Wohl wichtiger Schichten gefährden könnte. Sie zementiert vorsorglich das Alltagsbewusstsein, indem Ressentiments und kindliche Abwehr geweckt werden.

Ein Beispiel: Subventionen des Staates sind beliebt und wünschenswert, doch Ausgaben für Hartz IV-Empfänger werden als

Plünderung des Staatssäckels verurteilt. Gleich: Der Vater soll die Gaben verteilen, doch Verlierer sollen ihr Brot mit ihren Händen erarbeiten.

Die Arbeitsweise des Alltagsbewusstseins funktioniert unter den Bedingungen eingeschränkter Selbsterfahrung. Innerhalb des nur zugelassenen Denkens werden alternative Möglichkeiten verhindert. Die Ursachen der Arbeitslosigkeit werden radikal eingeebnet, aus dem Horizont herausgenommen. Denn wenn die Produktivität in einer Volkswirtschaft ständig steigt, dann muss die Arbeitszeit der Vollzeitbeschäftigten entsprechend gemindert werden. Das bedeutet, wenn zehn Prozent der Erwerbsbevölkerung ohne Arbeit oder gering beschäftigt ist, dann ist die Arbeitszeit der Übrigen zu hoch. Da nun viele Vollzeitbeschäftigte ihren Platz bedroht sehen, tritt eine konfliktabwehrende Funktion ein, die Arbeitslose als Sündenböcke aussucht. Der Nährboden für Feindbilder ist gelegt, und mit Zeitschriften und Fernsehauftritte versuchen herrschende Kreise den Boden gut zu düngen. Ihre Gärtner hantieren mit feinen Sieben schon in den Grundschulen. Kinder aus bildungsfernen Familien werden dort ungefördert der Hauptschule zugeführt, damit sie später nicht der Mittelschicht Positionen streitig machen können. Jedes Hauptschulkind enthüllt das Versagen unseres Schulsystems. Jeder Langzeitarbeitslose enthüllt das Versagen einer Gesellschaftsordnung. Wie entsteht diese Unbekümmertheit in weiten Teilen der Gesellschaft? Kein Wehlaut, kein Aufschrei in den Gazetten, nur heimliche Tränen oder Freude, wenn man sich auf Arbeitsmärkten trifft. Die einen auf dem FAZ-Stellen-Markt, die anderen in den Jobcentern der Arbeitsagenturen. Jobcenter sind die Geschwüre einer kranken Arbeitsmarktpolitik, eines Siechenhauses. Hier werden die früh Ausgesiebten in ausgetrocknete Flussbette abgedrängt.

Welche Regeln und Strategien benutzen die Menschen, um ein aktuelles Drama unbedeutend zu machen, es zu banalisieren? Die Herstellung des Bewusstseins vollzieht sich in routinemäßigen Alltagssituationen, die sich durch ständige Wiederholung eingeübt und eingeschliffen bewährt hat. Der Einfluss der Erziehungsagenturen Familie und Schule lässt sich an den Einschränkungen des Horizonts gegenüber wichtigen sozialen Situationen ablesen, der über die Zulassung eines Themas entscheidet. Das Alltagsbewusstsein ist Resultat von Erziehung und Anpassung. Werden wir mit neuen sozialen Situationen konfrontiert, ist die Übertragung die gängige Form der Verarbeitung, die ihrerseits Auslösefunktion haben und auch Übertragungsangebote machen.

Vergangene bedrohliche Erfahrungen, die auch verdrängt wurden, gehören zu der Sammlung abwehrender Antworten, mit denen sich Menschen vor angsterzeugende Sachverhalte zu schützen suchen. Sie übertragen somit frühere Angstbewältigungsstrategien auf neue soziale Situationen. Das Bedrohlichste ist die Angst vor dem Verlust des Ansehens, die Niederlage des Selbstwertgefühls.

Weshalb schützen sich Arbeitsplatzbesitzer auf Kosten der machtlosen Arbeitslosen? Die Bedrohung hat die Oberaufsicht im Alltagsleben. Nicht mehr das Alltagsleben ist die entscheidende integrierende Kraft, sondern das vorgefertigte Bewusstsein, das die Bevölkerungsmassen von ihrem Alltag haben. Trotz der vieler Pisa-Studien, die kleine Diskussionen angefacht haben, werden Änderungen verschoben. Die Brut der Armen versammelt sich weiterhin nach einer Auslese in Hauptschulen, und der Nachwuchs der bürgerlichen Mitte in den Gymnasien. Das Vorgefertigte wird medial in das Alltagsbewusstsein transportiert, und löst dort Altes aus. Die Angst Statussymbole oder eine geerbte Position zu verlieren wird übermächtig.

Nun müssen andere Schauspieler auf die Bühne gebracht werden, um die Bedrohung zu lindern: Jobcenter in den Kommunen, Qualifizierungsmaßnahmen erweitern, und die Zahl der Aufstocker erhöhen. Harmonie wird dem gemeinen Publikum geboten. Keine Regung beim Anblick von Arbeitslosen, nur das Pochen auf den Lohn der eigenen Leistung, auch wenn sie vom Elternhaus perfekt vorbereitet wurde.

Obwohl ein großer Teil aller Erwerbstätigen vom Arbeitsplatzverlust bedroht ist, entsteht kein gemeinsames Handeln. Keine verbindende Übereinkunft, wie eine graue beängstigende Zukunft für viele abgewendet werden kann.

Jeder zieht sich auf seine Parzelle zurück, bis auch diese bröckelt. Das Alltagsbewusstsein leistet hervorragende Arbeit. Unternehmen haben kein Interesse an Arbeitslose und Verängstigte, nur an gut und günstig ausgebildete Angepasste.

Die politische Debatte aber, sie dreht sich fast nie um die Ausgesonderten und ihre Probleme. Es gibt doch Verbesserungsvorschläge im Angebot. Mehr Druck auf Arbeitslose ausüben steht oben an. Viele Vorschläge zielen vor allem auf die Wählerstimmen der qualifizierten, motivierten Arbeitnehmer der Mittelschicht. Auch die Massenmedien steigen in diesen Reigen ein, indem sie die Mehrheit der beherrschten Individuen zur Identifizierung mit den Verhaltenserwartungen der herrschenden Gruppen zusammenbringen.

Die öffentlichen Erwartungen der herrschenden Minderheit sind somit von der beherrschten Mehrheit als ihre eigenen Erwartungen verinnerlicht worden. Produziert werden sie in den Umschlagsplätzen der Agenturen Familie, Milieu und Schule. Dort für immer eingelagert ins Alltagsbewusstsein.

Kommt es nun im Leben zur Bedrohung des Selbstgefühls tritt automatisch die verinnerlichte Abwehr ein, die Realität wird umgedeutet. Wichtig ist, dass es mir gut geht. Hier wird deutlich, dass die geschilderte Umdeutung sich nicht nur auf einzelne Beziehungen, sondern gleichermaßen auf Schichten und gesellschaftliche Verhältnisse überhaupt richten.

Dieser Prozess wird mit Fernsehdebatten gestärkt, denn wir sind der Rohstoff, den es zu formen gilt. Sie liefern dazu die Szenen und die Figuren, und ich erkenne mich wieder. Das Fernseherleben stiftet mir Identität. Es hilft das Volk zu teilen in Leistungsträger und Unterschichtlebende, in Macher und Versager. Dort soll ich mich finden.

Und zwischendurch die ewige Wiederholung der Werbung, denn eines ist klar, sie wirkt nicht nur auf unser Bewusstsein, sie soll nicht Gedanken, sondern Kaufimpulse auslösen. Werbung soll in unsere Räume vordringen, soll unser Denken durch Impulse ersetzen. Die Bilder sind schon längst nicht mehr in den Geräten, sondern schon in unseren Hirnen.

Viertes Kapitel

Die Früchte des Durchschnittsbewusstseins

Der breiten Masse ist von einer kleinen gesellschaftlichen Gruppe mitgeteilt worden, dass es in ihrem eigenen wohlverstandenen Interesse liegt, Reichtum bei anderen zu akzeptieren und selbst als Leitbild für sich anzunehmen. Schutz und Förderung des Wohlbefindens der Reichen übernimmt der Staat. Ihm ist es gelungen den wahren Umfang der Konzentration des Reichtums zu verhüllen, andererseits ihn aber zur Richtschnur für viele werden zu lassen. Der Machtaspekt des Reichtums wird vor der Masse sorgfältig verschleiert. Sie wird auf Nebenbühnen gelenkt: die Angst, das sauer ersparte Vermögen zu verlieren oder der erhoffte Prestigegewinn ist in Gefahr. Es ist geschafft: die Aufstiegshoffnung besetzt den Reichtum positiv.

Die Übersatten fühlen ganz zutreffend, dass jeder schließlich nur das erhalte, was ihm auch wirklich zustehe. Armut fügt sich in dieses Bild recht gut, weil es als Unterschichtphänomen die Zufriedenheit der Vornehmen noch mehrt. Hartz IV-Empfang und Armut wird zu einem Distinktionsmittel, zu einer vorzüglichen Möglichkeit zur Abgrenzung nach unten. Die wichtigere Möglichkeit besteht jedoch darin, die Angst zu beschwichtigen, wenn der eigene Aufstieg nach oben sehr beschwerlich oder versperrt ist. Das Alltagsbewusstsein integriert die Menschen erfolgreich, und es garantiert die gesellschaftliche Ruhe und Behaglichkeit.

Wenn ein Niedrigentlohnter und ein hoher Beamter sich am gleichen Fernsehprogramm vergnügen, wenn sie nach den gleichen Schnäppchen jagen, dann deutet das nicht auf das Verschwinden der Schichten hin, sondern auf das Ausmaß, wie die unterworfenen Arbeiter in den Konsum gelockt werden, der für die Erhaltung des Schweigens dient. Im oberen Bereich werden für

Widerständler Spitzenpositionen bereitgestellt, um sie Stillzustellen. Eine klare Trennung zwischen oben, mittig und unten kann auf Grund wieder festerer Grenzen einfacher ermittelt werden. Man geht auf die KÖ oder nach KiK; man fährt mit der Straßenbahn oder nimmt schnell den Dienstwagen.

Diese Gesellschaft ist wie ein südliches Meer, unten schlängeln sich Fische durch den Müll und oben schaukeln Yachten im seichten Wind. Das Meer von Medien transportiert alles in das Alltagsbewusstsein. Es formt sich zu einer Nebelbank, die langsam durch die Hirne zieht. Arbeitslosigkeit und Unterbeschäftigung der ärmeren Schichten sind nun auf Umstände zurückzuführen, die diese Schichtmitglieder selbst verschuldet haben. Das ist die Botschaft der Vornehmen an die Verweigerer. Die Botschafter sitzen alltäglich vor Kameras auf allen Kanälen. Zwischendurch dürre Statistiken aus der Kulisse. Viele Millionen Menschen stehen vor den Toren der Armut. Die deutsche Hochleistungsökonomie ist im Export Weltmeister geblieben. Konzerne stellen fest, dass ein Drittel ihrer Beschäftigten überzählig sind. Die schrillen Töne bedeuten nur, dass die Orte der sozialen Sicherheit schrumpfen. Die einen sichern ihr Anwesen mit Überwachungskameras, die anderen schlurfen gebeugt zur Tafel. Womit kann man den Beschäftigungsverlust eines hoch entwickelten Standorts kompensieren? Mit Nagelstudios, Altenpfleger und als Hofkehrer in Reinigungsdiensten wohl kaum. Die brutale Freisetzung von Arbeit wird jede Illusion zerstören. Und doch schallt es über die Plätze: Ihr schmiedet euer Unglück selbst!

Jedes unbenebelte Hirn weiß, dass der technische Fortschritt Arbeit freisetzt. Sollen die Unglücklichen sich im unteren Teil der Gesellschaft versammeln? Der einzige Weg aus diesen gewollten Spaltungsprozessen ist die Verkürzung der Arbeitszeit auf 30 Stunden pro Woche ohne Lohnausgleich. Allein schon die Erwartung auf einen interessanten Arbeitsplatz würde die Jugendlichen gewaltig anspornen sich zu bilden. Nicht die Schule verbessern, sondern erhoffte Lebensziele ermöglichen feuert das Lernen an.

Die Botschafter rufen allerdings weiterhin: Leistung muss sich lohnen und nicht ihr, sondern wir sind die bürgerliche Mitte der Gesellschaft. Damit möchten sie ihre Wiederwahl auch von den Hochqualifizierten und Gutbelohnten absichern. Andere Argumente kriechen bei einer Wirtschaftskrise auch wieder aus den Schubläden: Arbeitslosigkeit ist nur durch wirtschaftliches Wachstum zu überwinden – und das nur durch Senkung der Lohnnebenkosten zu erzielen. Doch diese dümmliche Argumentation wird in vielen Ländern vorgetragen. Sie schickt die einfachen Löhne zur Wendeltreppe nach unten, und mit ihnen die Kaufkraft einfacher Schichten. Eine Exportnation erkauft ihre Weltmeisterschaft mit Armut im eigenen Land. Doch Konzerne mit Exportschlagern jubeln, denn ihre Aktionäre können mit reichlicher Dividende rechnen. Vor anstehenden Tarifauseinandersetzungen sind dann die Bühnen frei für Szenen aus Werksschließungen und Niedergand der Wirtschaft.

Gibt es Möglichkeiten zur Neugestaltung der Erwerbsarbeit durch eine umverteilende allgemeine Arbeitszeitverkürzung? Nein, die obere Hälfte der Gesellschaft wird es nicht zulassen. Weniger Lohn für den steinigen Weg nach oben, niemals. Meine Position teilen mit anderen, undenkbar. Das Kapital, das meine Eltern in mich investiert haben, würde entwertet.

Schleicht sich da irgendwann etwas auf die Bühne und schreit: Faule Ausländer raus!

Bleibt eine weit reichende Arbeitsumverteilung Utopie? Solange die Gutbelohnten den unteren sagen, wir sind wertvoller und uns steht dafür ein höherer Lohn zu, wird es an den Rändern immer ungemütlicher. Wenn wir nach der Rolle der Angst und Furcht bei der Entstehung politischer Haltungen bei wertvollen Menschen fragen, so sind wir weitgehend auf Untersuchungen angewiesen, die das Politische nicht zum zentralen Gegenstand haben. Drohender Prestigeverlust und Unterlegenheit besitzen den Vorrang vor allen besorgniserregenden Faktoren bei den Begüterten. Deshalb ist es auch nicht verwunderlich, wenn hier Strategien entwickelt werden, die Sicherheit versprechen. Offensichtlich zeigen sich hier deutliche Prägungen der Erziehung in Familie und Schule. Eine Strategie ist die Zuweisung der Nachkommen zu den besonderen Schulformen mithilfe der Ideologie der „Begabung", auch begabtengerechte Auslese genannt. Die bürgerliche Mitte sichert so ihre Stellung in der Gesellschaft ab, und die Benachteiligten schauen enttäuscht zu Boden. Die Betrogenen fallen somit für die „Begabten" als Konkurrenten aus.

Vor diesem Hintergrund analysiert, "funktioniert" Schule hierzulande im Sinne des Systemerhalts bestens, denn die Abgedrängten und Betrogenen schreiben sich ihre schulischen Misserfolge selber zu. Unterstützt durch ein Zeugnissystem, mit dem über Leistungswillen gerichtet wird, damit konformes Verhalten erreicht werden kann. Hier wird Schlummerndes einfach abgemäht und eingeebnet.

Das entscheidende "Einfallstor" für den Erhalt des herrschenden bundesdeutschen dreigliedrigen Schulsystems, dessen Abschaffung allein die existierende Schichtstruktur noch nicht überwände, stellt die Begabungsideologie dar. Für Einflüsterer und Weltbildproduzenten ein feines Werkzeug, um früh Ausgesonderte als leistungsunfähige Wesen zu kennzeichnen. Diese Typisierung ist zwingend für die Machtverhältnisse in unserer Gesellschaft. Haben nicht die meisten Menschen schon ein heimliches Bündnis mit den neoliberalen Einflüsterer eingegangen, in dem sie Verteilungsgerechtigkeit aus ihrem Denken verbannt haben?

Fünftes Kapitel

Die Zeichen der verborgenen Macht

Viele soziale Mechanismen sind nur deshalb so wirksam, weil sie völlig verkannt und unterschätzt werden. Ein wundersamer Fall ist zum Beispiel der Mechanismus, mit dem Kinder aus ökonomisch und kulturell stark benachteiligten Familien in Hauptschulen abgedrängt werden. Gerade diese Familien, die Opfer der sozialen und wirtschaftlichen Ungleichheit auch im Schulsystem sind, glauben am kräftigsten daran, dass Begabung und Tüchtigkeit die einzig ausschlaggebenden Faktoren für den Schulerfolg sind.

Man hat es ihnen immer wieder eingehämmert: Ihr Kind ist unbegabt. Hier findet die kulturelle Enteignung statt. Sollten die Eltern und ihre Kinder etwas darüber wissen, über die verborgenen Zugangsregeln der höheren Schulen?

Man könnte sagen, dass die am brutalsten vernachlässigten Gruppen keine andere Chance haben, als ihr Schicksal den politischen Parteien zu überlassen. Das bedeutet aber, dass die Politik, die nur bestimmte Lieder singen darf, beim Schulsystem in einer Zwickmühle ist. Welches Weltbild wird dadurch den Heranwachsenden in den verschiedenen Schulen vermittelt? Wer hat das Sagen über die Vermittlung? Nicht die angepassten Lehrer und unbekümmerten Eltern, nein, selbstverständlich die Kapitalbesitzer.

Da werden bestimmte Mengen von Wissen angehäuft, um Jugendliche in erbitterte Konkurrenz gegeneinander zu treiben. Die anschließende Auslese gestaltet den Drill noch effizienter. Die Nützlichkeit steht wohl im Vordergrund, nicht die Entwicklung der Persönlichkeit. Fügsame Arbeiter und Angesellte sollen produziert werden. Der Nachwuchs für hohe Aufgaben in Konzernleitungen und in der Hochfinanz geht auf Privatschulen. Das staatliche Bildungssystem muss auch Arbeiter herstellen, die bereit sind, trotz schulischer Abschlüsse auf hohe Löhne zu verzichten.

Der Bildungsmarkt und der Arbeitsmarkt haben verschiedene Strukturen und bilden keine Harmonie. Der Wert von Schulabschlüssen sinkt ständig, weil sie auf dem Arbeitsmarkt in einer ungeheuer großen Zahl angeboten werden. Diese Entwicklung zahlt sich für Inhaber von internationalen Zertifikaten besonders gut aus, da sie durch gute Beziehungen und Empfehlungen, auch soziales Kapital genannt, nicht in einer so schauderhaften Lage sind. Soziales Kapital ist nun mal die heimliche Voraussetzung, um Abschlüsse in gutes Einkommen umsetzen zu können.

Die Abwertung von Bildungsabschlüssen ist sehr ungleich, und hängt davon ab, wie groß die Stärke der sozialen Gruppe ist, die ihre Stellung in der Gesellschaft nur auf diese Titel stützen.

Schulische Abschlüsse sind eben eine interessante Kultur, denn sie stellen eine besondere Form von Kapital dar. Sie sind das Endprodukt einer Investition, die sich auszahlen muss. Und diejenigen, die diese Scheine in ihren Händen halten, verteidigen ihr Kapital und Profite mit aller Macht. Sie kämpfen auch für diejenigen Einrichtungen, die ihnen dieses kulturelle Kapital garantieren.

Nun ist verständlich, weshalb es die hartnäckigen Verteidiger des jetzigen Bildungssystems gibt. Alle diese individuellen Kämpfe, die durch drohende Arbeitslosigkeit immer roher werden, summieren sich zur Zementierung einer jeden sozialen Schicht.

Das bedeutet, dass in unserer Gesellschaft diejenigen, die diesen Kampf um kulturelles Kapital verlieren, von der Kultur ausgeschlossen sind, auch in ihrer Würde tief getroffen sind. Diejenigen wiederum, die die Kultur in ihrem Besitz wähnen, sollen nicht merken, dass sie auf Verlierer herab blicken. Das kulturelle Kapital ist organisiert und trägt zur Überordnung von Menschen bei, wie bei einem Kleidungsstück oder dem Häuschen, an denen wir sofort erkennen können, auf welcher Sprosse der sozialen Leiter sein Besitzer kauert. Der Umstand, dass diese Erscheinungen auch bei sinnlichen Äußerungen von lieben Menschen vorkommen, erweckt den Eindruck, als sei Kultur die natürlichste Form des Eigentums. Wir erkennen nicht sofort das Machtgefüge hinter der Bühne, mit dessen Hilfe sich Menschen mit kulturellem Kapital ankleiden. Es gibt drei große Schichträume, wo sich die Angekleideten aufhalten. Einmal der einfache untere Raum, der in gewisser Weise den Abfall der anderen erhält, wo sich die Wertlosen aufhalten. Der mittlere Raum, wo die vielen Leitern nach oben und unten stehen. Und ein völlig abgesonderte obere Raum, in dem sich die herrschende Klasse aufhält. Anders wie in geographischen Räumen, sind hier die gesellschaftlichen Räume durch fortwährende unerbittliche Kämpfe in Bewegung. Jedoch wer oben beheimatet ist, dürfte wohl kaum jemanden von unten hereinlassen. Eine Verbindung der Schichträume von oben nach unten übernimmt das Alltagsbewusstsein, indem ein bestimmtes Gesellschaftsbild mit den Medien nach unten transportiert wird. Der Transport des Bildes vom Arbeitsmarkt ist eine Glanzleistung. Die herrschenden Schichten geben vor, wie der deutsche Arbeitsmarkt zu funktionieren hat, ohne Mitbestimmung Millionen wehrloser Erwerbstätiger. Sie geben vor, wie ein Bildungssystem zu funktionieren hat, damit ihr Nachwuchs durch feine Auslese die schichteigene Position zugewiesen bekommt. Die Hoffnung vieler Jugendlicher auf gesellschaftlichen Aufstieg durch mehr Bildung wird hier ausgehebelt. Auch die vielen Hauptschulabgänger, sie alle sind der Willkür der Habenden ausgesetzt. Der ungleiche Schulerfolg von Kindern aus verschiedenen sozialen Schichten spiegelt die Verteilung des Kapitals zwischen den Schichten wieder. Auch der Profit, der aus den Erfolgen erlangt wird, ist der Ertrag der schulischen Investition. Die landläufige Betrachtungsweise oder das Alltagsbewusstsein ordnet den schulischen Erfolg als natürliche Fähigkeiten ein. Es wird eifrig die Tatsache übersehen, dass Fähigkeiten und Begabung das Produkt einer ausgeklügelten Bildungsinvestition ist. In diesen Familien wird ökonomisches Kapital im Schulsystem in kulturelles Kapital umgewandelt, um dann die erworbenen Abschlüsse und Titel zur Verfestigung der Schichtstruktur zu nutzen.

Familien die kein kulturelles und ökonomisches Kapital besitzen, können allerdings keine Bildungsinvestitionen in ihre Kinder vornehmen, und müssen sich somit mit ihrem Nachwuchs einen Platz im unteren Schichtraum aussuchen, in dem Menschen ohne Abschlüsse und Titel abgestellt werden.

Es dürfen auf keinen Fall alle Menschen über Besitztum und kulturelle Mittel verfügen. Denn die ungleiche Verteilung von beiden Mitteln bildet insbesondere die Grundlage für die Wirkungen von Kapital, nämlich die Aneignung von Profiten und die Macht gesellschaftliche Spielregelungen durchzusetzen. Übrigens ist eine Bildungsinvestition, die in begüterten Familien stattfindet, die vollkommen verschleierte Vererbung von Kapital. Die Erben formen es um in Geld, kaufen dafür Maschinen und Fabrikhallen, darin dann Hauptschulabgänger arbeiten dürfen. Die Klassengesellschaft lebt, und reproduziert sich im unseren Schulsystem. Hier eine geschlossene Klasse der Produktionsmittelbesitzer, deren Interessen gebündelt sind, und dort die Klasse derer, die keine Mittel besitzen, also nur Konsumenten und Arbeitnehmer sein sollen.

Man denkt sofort an die materiellen und seelischen Leiden all der Arbeitslosen, all der Hartz IV-Empfänger, all der Leiharbeiter. Doch wird wenig über schlimmere Leiden gesprochen, die etwa von den mit dem Schulsystem zusammenhängenden Enttäuschungen hervorgerufen werden. Sei es, dass man von der Schule nicht die Titel erhalten hat, welche die Eltern erwarteten, sei es, dass man am Arbeitsmarkt nicht das erreichte, was die von der Schule vergebenen Titel versprochen hatten.

Diejenigen, die Arbeitslose verurteilen, müssten mit der gleichen Schärfe die Bedingungen verurteilen, wodurch Arbeitslosigkeit entsteht.

Die Aufhebung des Wettbewerbs und Vermachtung der Märkte ist durch den Zusammenbau von Mammutkonzernen entstanden.

Kleine Konkurrenten sind unterlegen, aber nicht nur deshalb, weil es viele Produkte gibt, die nur in großen Serien rentabel hergestellt werden können, sondern weil große Konzerne über mehr finanzielle Manövriermasse, über ausgeklügelte Vertriebswege und ausgedehnte Werbemöglichkeiten verfügen. Die Konzentration in der deutschen Wirtschaft zerstört den Wettbewerb. Zehntausende von Zulieferern müssen sich der Machtstellung der Großkonzerne beugen. Die kleinen fügen sich den großen, sonst würden sie in den Ruin getrieben. Diese Machtballung nennt man allerdings euphemistisch Firmenkooperation. Wie viel Millionen Arbeitnehmer darunter leiden, wird ausgeblendet. Denn die Löhne werden langsam aber sicher nach unten geschraubt, denn der Staat stockt ja auf, damit es ruhig bleibt im Lande. Niedrigentlohnte die aus Not in diesen Gewaltverhältnissen arbeiten müssen, beugen sich den Arbeitgebern. In einigen Jahren werden Unternehmer Arbeitslose ohne Entlohnung beschäftigen, da der Staat mit Alg. II die Kosten übernimmt. Diejenigen, die jedoch eine nur Beschäftigung suchen um einen satten Gewinn aus ihrer Bildungsinvestition zu erzielen, sind in einem höheren Schichtraum anzutreffen und bei den Arbeitgebern hoch angesehen. Es ist die totale Verwahrlosung der menschlichen Beziehungen im wirtschaftlichen Raum.

Die Funktionsweise des Arbeitsmarktes beruht daher auf der Existenz zweier entgegengesetzter Motive zur Teilhabe am Marktprozess. Der Motor der Wirtschaft ist Hunger und Gewinn. Es streben also Menschen auf den Arbeitsmarkt, die Furcht haben das Notwendigste entbehren bzw. auf Zugewinn verzichten zu müssen. Die einen müssen sich einem kargen Lohn beugen, die anderen handeln Sonderverträge mit ihrem neuen Arbeitgeber aus.

Das etablierte Wissen, das Alltagsbewusstsein bestimmt nicht nur was als richtig gedacht, sondern auch was gelebt werden darf. Die gesellschaftliche Ausgrenzung der Arbeitslosen und die Verherrlichung der Leistungsträger und Fleißigen bilden nicht nur den Mörtel für die Arbeitsagenturen, sondern auch den Zement der Kontrolle über die Berufstätigen. Deshalb ist die Ausgrenzung nicht dadurch gesellschaftlich erfolgreich, dass sie möglichenfalls die Eingliederung der Arbeitslosen erreicht, sondern dadurch, dass sie bewusst Wertlose schafft – nämlich eine gesonderte Schicht von Menschen, deren Unwürdigkeit den Leistungsträgern als eine für sie nicht wünschenswerte Alternative ständig erneut vor Augen geführt werden kann. An die Stelle der Klassen tritt so die Beteiligung aller am Machtsystem. Die Beherrschten sind ständig selbst an der Erhaltung der unzähligen Facetten im Nebel versteckter Machtstrukturen beteiligt. Es gibt keine Lücken mehr, in die wir uns vor ihren Auswirkungen zurückziehen könnten. In der Form des herrschaftlich öffentlichen Bewusstseins hat die Macht alle menschlichen Beziehungen erreicht, ist allgegenwärtig auch ins Private eingedrungen.

Sechstes Kapitel

Die Ohnmacht der Wertlosen

Es muss die Frage verfolgt werden, was die Existenz der Wertlosen, jenes sozialen Abfalls, den die deutsche Wirtschaft als Nebenerzeugnis im Arbeitsmarkt beständig herstellt, die Existenz jener als faul abgestempelten Menschen für den Zusammenhalt der angepassten Durchschnittsmenschen bedeutet. Die mediale Verfolgung und politische Gegenüberstellung von Leistungswilligen und Hartz IV-Empfängern produziert die Angst vor eigener Talfahrt in die Unterschicht und schweißt die noch Leistungswilligen zusammen. Man sollte hinzufügen: Je fragwürdiger und gebrochener der soziale Zusammenhalt der isolierten Konsumenten, Eigenheimbesitzer und Berufsmenschen ist, und je weniger es wirkliche Zusammengehörigkeit in unserer Gesellschaft gibt, desto dringender bedarf sie einer Scheinsolidarität, die sich aus gemeinsamer Empörung über die Faulheit der Arbeitslosen herleitet.

Dass die Perspektivlosigkeit der Langzeitarbeitslosen und der Leiharbeiter durch die Personal- und Lohnpolitik mächtiger Konzerne vorangetrieben wird, ist im allgemeinen Bühnenbild nicht zu erkennen. Konzerne haben den Niedriglohnsektor für ihre Randbelegschaften eröffnet, um die internationalen Märkte zu erobern. In diesem Eroberungskampf sind fallende Lohnkosten vorrangig. Die Randbeschäftigten zwingt man ohne Skrupel ins Elend, denn der Staat lindert ja die herbeigeführte Armut. Ein Arbeitsmarkt besteht sowieso nur für qualifizierte Arbeitsnachfrager. Für Arbeitslose in den Warteschlangen der Agenturen besteht kein Markt, sie müssen sich den Arbeitgebern und kargen Löhnen fügen, um nicht als Gescheiterte abgestempelt zu werden. Es ist der bürgerlichen Bewusstseinspflege dank einer einseitigen Etikettierungspraxis und mit Hilfe der Massenmedien gelungen, ein Arbeitslosenbild zu malen und im Denken der Masse zu verankern, das dem einfachen und ärmlichen Faulpelz täuschend ähnlich sieht. Dieses gelungene Bild und die damit verbundenen Ängste geben, kräftig gefördert durch Auftritte der Politiker, einen immer wichtigeren Kitt für das ideologische Rechtfertigungsgebäude der neoliberaler Wirtschaftspolitik ab.

Die Arbeitslosen werden so mit ihrer hergestellten Wertlosigkeit zur negativen Identität und zum gefürchteten Schatten der Lohnabhängigenexistenz. Denn gerade diejenigen, die sich nur noch mühevoll im Lohnarbeitsleben halten können und die durch Ratenverschuldung und Sorge um ihren Arbeitsplatz beständig am Rande des Absturzes und soziale Ausgrenzung stehen, haben es dringend nötig, sich am heftigsten über den Müßiggang der anderen zu empören. Die Hoffnung auf verbesserte Lebenschancen, die eifrig von der Politik als Köder in scheinbar greifbarer Nähe gerückt wird, und das Ringen um soziale Anerkennung vermag sich nicht in den offenen und gemeinschaftlichen Kampf zu wenden, sondern klammert die Verängstigten nur noch krampfhafter und verbissener an die privaten kleinbürgerlichen Lebensformen.

In diesem Thesenbrei der neoliberalen Wirtschaftswissenschaftler sind Arbeitslose nur kleine Sandkörner, die das wirtschaftliche Getriebe stören. Bei einer konjunkturell bedingten Unterauslastung der Wirtschaft mögen Arbeitssuchende bitte alle Arbeiten annehmen. Wenn das Lohnniveau im Niedriglohnsektor generell zu hoch ist, sodass Arbeitsplätze für einfache Arbeit unrentabel werden, sollte der Staat die Lohnkosten übernehmen. Die strukturelle Arbeitslosigkeit aufgrund von Qualifikationsmängel der Nachfrager muss mit Bildungsanreize in den Hauptschulen beseitigt werden!

Da steht er nun, der arme Tropf, ohnmächtig in den langen Schlangen. Keine Silbe über Arbeitszeitverkürzung bei Gutverdienenden; kein Wort über die Marktmacht der Arbeitgeber. Nicht einen Satz über die Herrschaftsverhältnisse im Arbeitsmarkt und herkunftsbedingte Aufenthalte im Hochlohnsektor. In einer Exportnation spielt nun mal die Lohnpolitik für Unternehmen eine Schlüsselrolle, ohne Rücksicht auf den Binnenmarkt. Natürlich hat sie im oberen Lohnbereich auch eine Köderfunktion. Die Gewerkschaften sind für eine marktgerechte Lohnpolitik gewonnen. Wachstumspropheten und Globelplayer beeinflussen zerstörerisch mit ihrer Machtfülle alle Systeme unserer Gesellschaft.

Wir teilen uns selbst ein in Ungebildete, für die Wirtschaft Wertlose, und in wertvolle Menschen, die in der Wirtschaft erfolgreich sind. Oh dort: hängende Schultern, Zigarettenrauch, den leeren Blick nach unten, es klickt in unseren Zellen, ein fauler Arbeitsloser. Ah hier: hohe Stirn, dunkler Anzug mit Seidenkrawatte, gereinigter Mittelklassewagen, es blitzt im Gehirn, ein erfolgreicher gern gesehener Herr, zu ihm möchte ich mich zählen. Diese Wahrnehmung wird auch in den Nachwuchs transportiert. Im Schulsystem eignen sich daraufhin Jugendliche Wissen an, mit dem Kalkül es später in Geld umzuwandeln. Die Boten der Wirtschaft winken den Sprösslingen entgegen. Diese Zweiteilung der Gesellschaft ist in unseren Hirnen eingebrannt. Da hängen sie zappelnd im Sieb - Gymnasium, Hauptschule, wertvoll, wertlos.

Alles dies wird begründet mit dem Selbstlauf wirtschaftlicher Sachzwänge. Dabei spüren viele Menschen, dass dieser schöne Fortschritt nicht mehr mit Hoffnungen verbunden ist. Es geht nun um die Frage, wie man den Blick von dem versteinernden Antlitz dieser wirtschaftlichen Vernunft, dieser Betongestalt, freibekommen kann für die Suche nach nicht lebensfeindlichen Alternativen. Die heutigen Götzen heißen: Technik und Wirtschaftswissenschaft, Wachstum und Profit, Leistung und Erfolg, und als heiligstes Paar im Götterhimmel, Bilanzen und Geschäftsberichte. Wann halten die Vorstände in den Konzernen inne? Vielleicht wenn sie mit einem Burnout-Syndrom in ihrer Privatklinik weilen, und spüren düster, dass ihre Lebenslüge ausgebrannt ist.

Noch ist die Meinung vorherrschend, dass Lohnerhöhungen für die Masse der Arbeitenden niemals Wachstum schaffen. Dieses allgemeine Gesetz gilt allerdings nicht für Hochlöhne. Auch die Kürzung der finanziellen Stütze an Arbeitslose erhöht die Aufnahme von einfacher Arbeit, und drückt die Lohnkosten der Unternehmen. Bei hohem Einkommen allerdings ist dieser Zwang unnötig, denn man greift doch gerne zu. Präziser und unverhüllter kann kein Bühnenstück die Abhängigkeit einer ganzen Gesellschaft von einer kleinen Schicht der Besitzenden und die Funktion der Politik in ihr schwerlich darstellen.

Die bei Jobwettbewerb erfolgenden Verdrängungsverfahren von oben nach unten können modellhaft mit dem Bild von unendlichen Warteschlangen im Markt verglichen werden. Die Arbeitslosen formen eine Schlange, wobei die relative Position eines Arbeitssuchenden durch solche Merkmale bestimmt wird, die von den Unternehmen als wichtiges Auswahlkriterium verwendet werden. Solche Merkmale sind Alter, Hautfarbe, Geschlecht und Bildungszertifikate. Nur die Arbeitslosen auf günstigen Positionen haben positive Aussichten innerhalb einer bestimmten Frist wieder eingestellt zu werden. Diejenigen, die am Ende der Schlange sind, bleiben auch bei Konjunkturaufhellungen für immer arbeitslos. Irgendwann wird der Staat sie in seine Arme nehmen, und sie in der Pflegeindustrie einwenig beschäftigen. Arbeitssuchende mit guten herkunftsbedingten Merkmalen befinden sich automatisch auf den wertvolleren Positionen. Früher waren die Menschen, die sich in der Mitte der Schlange aufhielten, die industrielle Reservearmee. Heute braucht die vollautomatisierte Restindustrie keine Reservestreitkräfte mehr, und das Warten in dieser Schlange ist hoffnungslos geworden. Außerdem schiebt die Mittelschicht ihren Nachwuchs immer machtvoller auf die beliebtesten Plätze. Große Körperteile der Warteschlange sind vertrocknet und abgefallen. Die Bundesagentur für Arbeit mit ihren über 60000 Beschäftigten vertuscht mit riesigen Förderprogrammen das langsame Absterben der eigenen Äste. Fördern für sich langsam auflösende Arbeitsplätze prägt das Bild der Maßnahmen. Jobbörse ist das neue schöne Wort, dort wird nicht mit Wertpapieren gehandelt, sondern mit Menschen. Für einen kurzen Moment flackert ein Hoffnungsschimmer auf, dann spüren sie etwas, der Wettkampf ist verloren. Andere haben den Platz schon eingenommen.

Der Markt für Konsumgüter ist in unserem Land weitgehend gesättigt. Die Habenden sind satt, es ist doch alles da. Der Arbeitsmarkt ist dadurch angeschlagen, und die Wertvollen können ungehindert den Hochlohnsektor unter sich aufteilen. Die anderen müssen sich eben im Niedriglohnbezirk einrichten. In diesem Gesellschaftsstück erkennen wir, dass die faktische und latente Arbeitslosigkeit die Grundlage für den Unterwerfungsprozess der unteren Sozialschichten ist. Wir müssen jedoch verstehen, dass solche Sichtweisen nicht alle Fragen nach der Ursächlichkeit von Jobverdrängungskämpfe, Deklassierung und Verarmung mit mehr oder weniger pauschalen Hinweisen auf Wirtschaftskrisen und Machtkartelle der Konzerne beantworten. Es muss auch als Erklärung der Zusammenhang von Machtverhältnissen zwischen den sozialen Schichten und gesellschaftlichen Gruppierungen und die daraus resultierende Verzweiflung und Gram mit herangezogen werden. Welch alles infizierender Bazillus hat sich da in das Alltagsbewusstsein eingenistet, der verhindert, dass Arbeitsbesitzer und Arbeitslose gemeinsam gegen die Ausbeutung und Unterdrückung vieler Arbeitgeber kämpfen?

Siebentes Kapitel

Eine Bühne der Einflüsterer

Bildung ist etwas Gutes und sie steht hoch im Kurs beim Publikum. Wie Laborratten will man nun Schülerinnen und Schüler einen Stimulus geben. Selbst Kindergärten bekommen heute einen Bildungsauftrag. Wem es gelingt, sein Projekt mit dem Bildungsetikett zu versehen, der darf auf satte Gewinne hoffen. So geschieht es seit mehreren Jahren mit der so genannten ökonomischen Bildung.

Deren Vorreiter spekulieren im Zuge der Verunsicherung durch Wirtschaftskrisen auf eine hohe Dividende. Wirtschaftsverbände produzieren Studien, die bestätigen sollen, dass die Deutschen zu wenig ökonomisch gebildet sind. Die Unwissenheit junger Leute soll mit mehr Wirtschaftsbildung bekämpft werden. Und wer die soziale Marktwirtschaft etwa aufgrund von persönlicher Ungerechtigkeitserfahrung ablehnt, der braucht nur ein wenig mehr ökonomische Bildung, um das System wieder zu akzeptieren.

Die Ökonomie möchte sich immer mehr Lebensbereiche eröffnen. Ein weiterer Raum sind die Köpfe der Schüler. Die Kampagne drittmittelgeschmierter Institute hat schon eindrucksvolle Erfolge verbuchen können: Wo früher Gemeinschaftskunde auf dem Stundenplan stand, da findet sich heute vielerorts "Wirtschaft und Politik". Das Wissen wird gerne von einigen Dax-Konzernen bereitgestellt. Die deutschen Arbeitgeberverbände der Metallindustrie und Versicherungswirtschaft versorgen Lehrer mit Unterrichtsmaterial. Mehrere Banken wollen gleich die eigenen Angestellten in die Schulen schicken. Die Chancen für einen Empfang mit offenen Armen in den Schulen stehen gut: Denn zur Rettung der Unternehmensgewinne von Versicherern und Banken hat sich der Staat hoch verschuldet. Für Lehrerbildung, geschweige denn für Lehrerstellen ist nun kein Geld mehr übrig. Wenn jetzt der schlaue Bankberater als Einflüsterer die Vorteile kapitalgedeckter Versicherungen gegenüber dem altmodischen Solidarsystem erklärt, so nennt sich das "bürgerschaftliches Engagement". Doch solche kostenfreien Angebote müssen wir hinterfragen, denn kein Unternehmen macht etwas umsonst. Zum Marketinggrundwissen gehört zudem, dass man zuerst ein Bedürfnis herstellen sollte, um sich später als Anbieter dafür zu präsentieren. Das ist auch der offen ausgesprochene Plan der Wirtschaft. Aufgrund der ökonomischen Unbildung vieler Kunden verlaufen oft Verkaufsgespräche zunehmend schwierig. Am besten man setzt an der Wurzel des Übels an, um hier Abhilfe zu schaffen. Ökonomische Bildung in den Schulen ist ein Investitionsgeschehen für die Zukunft. Denn tatsächlich ist es um diese Ausbildung in Deutschland nicht besonders gut bestellt. Eindimensional ist aber die privatwirtschaftlich organisierte Wirtschaftsbildung, die beispielsweise verschweigen wird, dass die Finanzkrise vielen Unternehmen die Decke weggezogen hat.

Schulen brauchen keine Einflüsterer. Schon gar nicht solche, die zuvor dafür gesorgt haben, dass der Staat den Schulen nicht mehr selbst helfen kann. Ökonomische Bildung ist in unserem Schulsystem nicht notwendig, jedoch benötigt es politische Bildung. Nur sie befähigt zu unabhängigen Denken und Handeln, andernfalls produziert sie willige Helfer der deutschen Wirtschaftsbosse.

Die deutsche Wirtschaft muss erreichen, dass von ihr abweichende Motive und abweichende Konsumkulturen der Boden entzogen wird. Dass die Individuen schon in den Schulen von breiten und autonomen Kommunikationsmöglichkeiten enteignet und unter systemkonforme wirtschaftliche Kontrolle gebracht werden, ist eigentlich segensreich für unsere unternehmerische Kultur, denn dadurch gehen die ökonomischen Strategien der Betriebe nahtloser auf.

Der zugestandenen Selbstverantwortlichkeit steht dem Menschen eine Abhängigkeit von wirtschaftlichen Lebensbedingungen durch Machtkartellen gegenüber, die sich dem individuellen Zugriff völlig entziehen. Manche individualistische Verhaltensweisen erweisen sich bei näherem Hinsehen als Übernahme gesellschaftlich vorgefertigter Verhaltensschablonen. Gefragt ist das passende und flexible Subjekt. Schablonen werden bei frühkindlichen Aneignungsverfahren einfach gereicht und übernommen. Da entsteht kein soziales Band, das die Menschen untereinander verbinden könnte. Manche setzen ja darauf, dass Solidarität wieder von unten entsteht. Früher ließ Not die Menschen näher zusammenrücken. Diese Hoffnung wird sich nicht erfüllen. Bei einem abbröckelndem Wohlstandsniveau, stagnierenden Realeinkommen und steigender Arbeitslosigkeit werden die sozialen Verteilungskämpfe immer härter und jede Solidarisierung abgetötet.

Hohe Arbeitslosigkeit sichert zudem eine scharfe Konkurrenz auf dem Arbeitsmarkt und damit die Macht der Arbeitgeber bei Lohnverhandlungen. Steigende Sozialausgaben des Staates müssen allerdings an schrumpfende Einnahmen angepasst werden. Die Einnahmen leiden an der Schonung der Konzerne. Bewundernswert ist nun das harmonische Zusammenwirken der Medien. Sie dokumentieren die Notwendigkeit, um des nackten Überlebens des Sozialstaats willen ihn Schicht für Schicht abzutragen. Der aktivierende Sozialstaat müsse sich auf seine Kernaufgabe zurückziehen. Die Politik hat nicht die Kraft, die Situation durch Verhinderung des Lohndumpings zu verbessern. Stattdessen verbreitet sie über die Medien unsere Arbeitslosigkeit wird sich in den nächsten Jahren zurückziehen, da immer mehr Menschen Arbeit finden. Sie verhüllt jedoch, dass ihr Konzept der Aktivierung aufgeht.

Doch Ursache hoher Arbeitslosigkeit sind reine Verteilungskonflikte um Arbeit, die durch Produktivitätssteigerungen immer weniger wird. Denn machtvolle gesellschaftliche Gruppen können sich unter modernen günstigen Bedingungen glänzende Positionen im Berufsleben sichern, und schwache Gruppen in die Leiharbeit oder ins Aus abdrängen. Den Ausgestellten fehlt es nur an dem kulturellen Kapital, dass man ihnen schon frühzeitig vorenthalten hatte, um im Markt sich zu behaupten. Von interessierter Seite wird dann die Überalterung der Gesellschaft ins Bewusstsein der Bevölkerung gerückt, um sie auf einen schlankeren Sozialstaat vorzubereiten.

Die Bevölkerung altert schon seit 150 Jahren, eine Produktivitätssteigerung konnte das schon immer ausgleichen. Die Panikmache mit der Überalterung dient lediglich dazu, Versäumnisse der Politik im Bildungssystem zu verschleiern. Weshalb stärkt sie nicht die Zugangsvermögen schwacher Gruppen zum Bildungs- und Arbeitsmarkt? Vor wem knickt sie da ein? Allerdings muss bei einer Neuverteilung der Arbeit Kostenneutralität für die Arbeitgeber gewahrt sein, damit sie sich nicht durch höhere Rationalisierungen entlasten müssen. Auch in liberalen Denkfabriken und Wirtschaftsforschungsinstitute ist keinem Menschen entgangen, dass die entschwundene Industriearbeit nicht zurückzuholen ist, auch nicht durch Lohnverzicht.

Die notwendige Neuverteilung der Arbeit ist im Grunde eine veränderte Belohnung für Arbeit. Wie viel Belohnung will man den schwachen Bevölkerungsgruppen zuteilen? Auf wie viel Belohnung wollen die mächtigen Gruppen verzichten? Leider wird es keine Neuverteilung der Arbeit geben, denn umsichtig wird der Boden für die Durchsetzung neuer Privilegien bereitet. Erstaunlich viel konnte bereits auf den Weg gebracht werden, meist mit dem schlichten Hinweis: die Unternehmensgewinne seien in Gefahr. Im Fokus von Medien und Politik begleitet von der Wissenschaft steht nun ja derzeit dafür die Bedrohung durch Faulenzer. Da bangen welche um ihren Wohlstand, nur die nicht, die nie einen hatten. Wird da eine neue Deutung eingeläutet? Fleißige Wirtschaftswissenschaftler fordern gar ein Renteneintrittsalter von 70 Jahren, und das bei steigender Jugendarbeitslosigkeit. Der entscheidende Inhalt ist jedoch eine Senkung der gesetzlichen Rentenansprüche und Milliardenzuflüsse in private Rentenversicherer. Die Menschen, die keine private Vorsorge leisten können, werden sich im Alter mit einer spärlichen Rente auf Sozialhilfeniveau begnügen müssen. So bleiben sie Ausgeschlossene bis zum Tod. Noch befindet sich Deutschland in einem vorliberalen Entwicklungsstadium, denn in England lebt bereits jedes dritte Kind in Armut und in unserem Land erst jedes fünfte. Doch die Weichen sind offenbar politisch gestellt. Unvermeidbar wächst die Kälte zwischen denen, die immer mehr arbeiten wollen, und denen, die von der Arbeit ausgeschlossen sind. Was ist wohl von jungen Menschen, die nach 100 Absagen auf ihre Bewerbungen ihre Identität im sozialen Abseits bilden, an Verhalten zu erwarten. Dieser Orientierungswechsel vollzieht sich bei uns auf breiter Front und weithin im Verborgenen. Da es keinen freien Arbeitsmarkt geben kann, hat der Staat die Pflicht für gleiche Zugangsbedingungen zu sorgen. Doch der Sozialstaat handelt getrieben von mächtigen gesellschaftlichen Gruppen. Den Rest da unten, lässt man fallen bis ins Alterselend. Die Politik bereitet die Menschen gedanklich auf dieses Schicksal vor und kürzt schon mal die Renten mit kunstvollen Anpassungen.

Das Gespenst einer kalten Ökonomisierung unserer Gesellschaft wird in vielen Armutsdebatten ja ständig an die Wand gemalt. Man vergisst dann schon mal den einfachen privaten Kapitalismus, die prallen Schatullen einiger Menschen. Die ungleiche Macht der gesellschaftlichen Gruppen sind die gesellschaftlichen Krisen, sie kann man nicht auf Marktmechanismen reduzieren.

Aber jetzt ist man sich einig darüber, dass Arbeitslosigkeit und Sozialhilfebedürftigkeit enorme Mittel verschlingen, die Resultate des Forderns aber bescheiden sind. Eine Umsteuerung in Bildungsinvestitionen und Teilhabe wird nun ausgerufen. Es handelt sich plötzlich um einen Konsens der Eliten, nur warum geschah es nicht schon früher. Oder will man auch diesmal das bürgerliche Wahlvolk nicht verunsichern, das System erhalten und schwache Gruppen mit kompensatorischen Mitteln beschwichtigen damit alles so bleiben kann? Die populistischen Massenmedien sollte man dabei nicht unterschätzen. Und sie bedienen sich gegenseitig, die politische Klasse und die Massenmedien. Es rümpfen einige die Nase, wenn es darum geht, wie wir als Exportmeister und Verteilungsgesellschaft überleben sollen. Aber eben diese Angst angesichts der unabänderlichen Ausschließungsprozesse von großen Teilen der Bevölkerung hat auch die Mitte der Gesellschaft erfasst. Man merkt es an den Protesten und Aufrufen, den Ausgeschlossenen aufzuhelfen, sie wieder in unsere Arme zu nehmen. Manchmal wird auch von einer Kanzel Solidarität mit den Arbeitslosen gefordert, oder mehr noch, eine solidarische Gesellschaft. Doch es bleiben Wörter ohne Taten, zu groß ist die Angst vor dem eigenen Brotverlust. Eine Gesellschaft ist keine solidarische Einrichtung. Ebenso können Unternehmen keine sozialen Einrichtungen sein. Arbeitslose hat man für die Wirtschaft als wertlos abgeschrieben. Die große Mehrheit der Feinbetuchten, Gewerkschaftsbosse und Politiker haben sich zusammengefunden und debattieren feinzüngig über die Ausgeschlossenen, statt ihnen wirklich aufzuhelfen. Doch die da unten wittern: die Stimme des Zusammenhalts wird immer schwächer. Diese falschen gesellschaftlicher Verhältnisse werden von Gutpositionierten als individuell verursacht dargestellt, von der Masse so wahrgenommen, und als selbstverständlich-naturhaft hingenommen. Entsteht diese Blindheit durch Täuschungsmanöver mächtiger Medien, die wiederum durch Reize und Reaktionen unsere Gehirnfunktionen verändern? Die Boten und Einflüsterer haben gute Arbeit geleistet, denn mit dem schlechten Ganzen sollen wir nicht etwa kämpfen, sondern uns versöhnen.

Achtes Kapitel

Der Weg zum kritikunfähigen Bürger

Das stählerne Gehäuse, das Menschen umgibt, gräbt tiefe Spuren in ihre Persönlichkeit. Die fein durchdachte und unversöhnliche Ansammlung von Einkommen, Besitz, Wissen, Ansehen und Macht erzeugt bei vielen feindliche Gefühle und Ohnmacht. Die Arbeit und das Haben der anderen werden als bedrohlich für die eigene Existenz empfunden. So sitzen die Menschen isoliert in ihren großen und kleinen privaten Winkeln, und spähen verstohlen in die Fenster der anderen. Eigene Zimmer und eigene Spielsachen bereiten Kinder schon früh auf dieses eingekapselte Leben vor. Familien reichen ihren Ort in der Gesellschaft, ihre Lebenslage und ihren Habitus, an ihre Kinder weiter. Welche Erbschaft der Eltern erwächst dort? Ärmliche Lebensorte schleifen und prägen andere Züge und Einstellungen in die Persönlichkeit, als die Orte und Berufe, die für Bürger der Mittel- und Oberschicht vorgesehen sind. So sind Auswirkungen der Arbeitsbedingungen oder gar Arbeitslosigkeit auf den Charakter und das Erziehungsverhalten der Erwachsenen unumgänglich. Kinder werden somit auf Deutungen und Lebensstile vorbereitet, denen ihre Eltern anhängen. Das konkrete Erziehungshandeln der Eltern, also die Art der Problemlösung in Konfliktfällen und das Ausmaß von Bestrafung und Belohnung, wird indirekt durch das berufliche Konkurrenzverhalten störend beeinflusst. Zeitarbeitende Eltern geben andere Lebenseindrücke an ihre Kinder weiter, als ein Elternpaar mit einer Beamtenlaufbahn.

Erstere vermitteln Angst vor sozialen Abstiegen und Resignation; letztere Hoffnung, Aufstiegsgewissheit und ein sorgloses komfortables Leben. Weil Menschen so vieles an ihren Lebensvorgängen alltäglich hinnehmen, reproduzieren sie ihr Gelände unbewusst. Die Stimmungslagen, in denen sich das Erwerbsleben der Mütter und Väter widerspiegelt, bringen sie in die familiäre Situation so ein, dass sie in den spontanen Reaktionen auf das Verhalten der Kinder weitergegeben werden. An der Privatsphäre der Familien rütteln und zerren geringer Lohn und Frustration, oder auch hochwertiger Konsum. Konsumieren wirkt erlösend und dazu gehörend. Der Ort und Ausmaß des Kaufens entscheidet darüber, ob Bürger sich dem Milieu, das sie atmend umgibt, auch wirklich zurechnen darf. Das Niveau des Kaufens wird gesellschaftlich vorgegeben, ist sozial erwünscht. Jemand der nicht mithalten kann oder nicht mithalten will wird isoliert und mit Häme übergossen. Doch im Sinne der Abwehr sozialer Angst, muss Isolierung vermieden werden, dass lernen wir schon im ersten Lebensjahr. So werden zwischenmenschliche Beziehungen bestimmt durch Rivalität, wirtschaftliche Konkurrenz und Angstgefühle.

Die neuen Tagelöhner und Leiharbeiter der verlierenden Sozialschicht wissen, das Güter und Lebenschancen in der Gesellschaft ungleich verteilt sind, dass sie von den Vorrechten der begüterten Leute ausgeschlossen sein sollen. Vereinzelt gelingt ein individueller Aufstieg, doch sonst begnügt man sich resignierend mit dem Festklammern am Kleinbesitz, an Balkonpflanzen oder am Dauerfernsehen. Viele sind ihrer Misere nicht gewachsen, da sie dazu verurteilt sind, dass, was wirtschaftliche Macht bei ihnen angerichtet hat, als eigenes Versagen zu interpretieren.

Die Frage, wie sich die beschriebenen Bedingungen, unter denen Familien leben, durch Veränderungen in Psyche und Gehirn der von ihr Sozialisierten niederschlagen, haben sich bisher nur Sozialwissenschaftler und Neurobiologen gestellt, nicht aber alle Bürger. Der Zwang zur kurzfristigen Erhaltung der Arbeitskraft zwingt Familienmitglieder, Konflikte zu verschleiern oder sie in ständig verzerrter Art auszutragen. Deshalb sind viele Menschen zu einem isolierten Leben verdammt. Das System der Arbeitswelt stellt sie zu konkurrierende Wesen her. Die Geburtenzahlen malen ein deutliches Bild. Die Angst, den Halt zu verlieren, den Rang zu verlieren, durchdringt das Alltagsleben, und macht zum Feinde. Sie verleiht allen Beziehungen einen ambivalenten Charakter, sodass sich Menschen misstrauisch und unversöhnlich begegnen. Trennungsängste und die mit ihnen verknüpften Schwierigkeiten, die aus frühkindlichen Erfahrungen resultieren, sind typisch für psychische Verläufe die im Berufsleben reaktiviert werden.

Wirtschaft und Gesellschaft weist besonders der Familie die Aufgabe zu, in der primären Erziehung Bausteine für die Unternehmen herzustellen, die später günstig verwertet werden können. Solange jedoch die Ökonomie den Menschen ihren Weg vorgibt, wodurch jede knospende Solidarität zerstört wird, werden sie nicht los, was sie in der Kindheit traumatisch erfahren haben.

Die Erwachsenen bleiben vor allem deshalb unbewusst an frühe Rivalitäten und an die mit ihnen verknüpften Problematiken fixiert, weil die Arbeitswelt sie ständig in Situationen hineinzwingt, die sie als bedrohlich empfinden. Diese psychischen Strukturen sollten aufgebrochen werden. Ist die Furcht in den Seelen das treibende Moment unseres wirtschaftlichen Handelns, oder das Kalkül sich zu bereichern? Die Angst ist vermittelt, wer sich nicht an die ökonomischen Regeln hält, wird heutzutage nicht verhungern, aber am Horizont zeichnet sich Deklassierung und Demütigung ab. Die Furcht vor dem Ausschluss, die gesellschaftliche Erwartung des wirtschaftlichen Verhaltens hat sich bereits in unseren Gehirnen neue Wege gebahnt. Denn bei nicht befolgen droht der soziale Tod. Die Erfahrungen die das Kind in der Familie erlebt, hinterlassen Spuren in den neuronalen Netzen und werden später durch verwandte Belastungen unbewusst reaktiviert. Die Zerrissenheit im Menschen, die daraus entspringt, dass er ein Teil der Konkurrenzgesellschaft sein will und zugleich gegen sie kämpfen muss, ist nur zu lindern, wenn die psychischen Belastungen, die die Gesellschaft ihm, oder die er sich selbst auferlegt, verringert werden.

Gerade die Kleinfamilie, mit ihrem Versuch zum privaten Glück und Drang zum Aufwärtsstreben, sozialisiert individualistische Interessen, die Furcht und psychische Belastungen fördern. Eine Persönlichkeit ist am gedeihen, in der Angst und Anerkennungswünsche Zuhause sind, in der früh solidarisches Handeln zugeschüttet wird.

Neben der Steuerung der Massenmedien sind Menschen vielfach zusätzlich einem permanenten Konsumappell ausgesetzt, der gezielt seinen Anerkennungswünschen entgegenkommt. Dabei ist die organisierte Vorbereitung des Konsums durch die Vorarbeiten der Bewusstseinsindustrie, eine notwendige Rationalisierungsmaßnahme der Unternehmen. Denn die Massenproduktion zwingt sie dazu, den Konsum durch gezielte aufdringliche Werbung langfristig im Verbraucher anzuregen. Auch der Staat drängt zu höheren Konsumausgaben, beschließt Ankurbelungsmaßnahmen, jedoch geht es ihm um Mehreinnahmen aus der Massensteuer für seine Beamtengehälter und -pensionen. Die Menschen müssen lernen zu konsumieren, zu konsumieren wann das System es will und wie viel das System will.

Zugleich verspricht der Kauf von Waren seinem Käufer aber über den Gebrauchswert hinaus auch etwas Schönes und Traumhaftes: Sicherheit, Potenz, Bedeutung und Angstfreiheit. In Warenhäuser sind Menschen vor Regalen zu beobachten, die dort träumend ihr Inneres zu finden glauben. Für alle ist etwas dabei, Fernsehgeräte mit Flachbildschirm, für die saubere Hausfrau ein neues Waschmittel und für Jugendliche ein Handy. An Samstagen fahren die einen nach Ikea, die anderen zum Autohaus. Alles umgarnt von Missgunst und Konkurrenz, um Statusverluste und soziale Abstiege abzuwenden. Gleichzeitig erhöhen sich die Müllberge, da vieles ihr anfänglich Verheißendes nach kurzer Zeit verloren hat.

Früher wanderten Menschen an Wochenenden von ihren Kindern jauchzend umringt durch duftende farbenfrohe Wälder; heute wandeln sie mit ihrem Nachwuchs hungrig durch Baumärkte und Konsumhallen.

Beleuchten wir einmal die primäre Sozialisation. Die Einigungssituation in der Mutter-Kind-Zweisamkeit ist der Anfangspunkt eines lebenslangen Geflechts. Hier liegt der Kernpunkt der Vergesellschaftung. Keine Reaktion der Mutter auf das Kind ist außergesellschaftlich. Wenn sie als Subjekt erkannt wird, so ist ihre Subjektivität immer schon als gesellschaftlich hergestellt zu denken. Die Lebenslage der Mutter ist ebenso hergestellt und befindet sich in einer realen gesellschaftlichen Schicht. So werden die ersten eingerichteten Gehirnstrukturen beim Kinde kleine Geflechte der künftigen Gesellschaft. Welche Einflüsse hat die steigende Erwerbstätigkeit der Frauen und die allein erziehenden Mütter auf die Sozialisation der Kinder? Sicher, selbstständiges Handeln wird früh eingeübt, aber eben auch vermehrt Verlassenheitsgefühle. Die Familie ist selten ein Hort der Verbundenheit, doch zusätzlich tragen beide Elternteile ihre Arbeitswelt nun ins Private. Immer weiterer Lebensbereiche werden nach den profitorientierten Erfordernissen der Großkonzerne umgebaut. Die Erwachsenen in der Familie sind nur das Transportmittel. Da schwappt etwas über, bis ins Kinderzimmer.

Keimt da ein Mangel an Gemeinschaft und Selbstwert, dass später mit überhöhten Anerkennungswünschen ausgeglichen werden muss? Soll hierfür der eigene Beruf zur Aufwertung des Selbst, über die Anerkennung durch andere, beitragen? So kann sich Arbeitslosigkeit in der Psyche als Leere oder gar als Verzweiflung widerspiegeln. Auch Manager, mit ihren überhöhten Arbeitseifer sind den frühen Erwartungsmustern weitgehend verhaftet. Der Anspruch auf Grandiosität, Allmacht und magische Kontrolle über andere dient nunmehr unmittelbar der Erhaltung und Stabilisierung des früh verletzten Selbstwertes.

Sollten wir lernen, Herrschaftsstrukturen und gesellschaftliche Verteilungskonflikte als Verursacher von Lebensbeschädigungen zu erkennen? Denn subjektive Strukturen wachsen im Verborgenen. Die Zurichtung der Menschen schlägt sich nicht einfach als Übernahme und Verinnerlichung vorfindlicher Werte und Orientierungsmuster nieder. Psychische Struktur entsteht auch durch Freude, Versagung und wirtschaftlich vermittelte Angst. Absturzgefahren, Sorglosigkeit oder Resignation überspielen neuronale Netzwerke. Sozial erwartetes Verhalten ist dann bereits dem Inneren aufgezwungen, ist ein unbewusster Vorgang. Kurzfristig angebotene Sinndeutungen werden hastig entgegen genommen.

Arbeit gebe den Menschen das Gefühl der Anerkennung und Bedeutung, sie allein könne Zugang zur gesellschaftlichen wie persönlichen Identität öffnen. Diese bürgerlichen Sinndeutungen und Versprechungen bewirken, dass längst nicht mehr gültige Werte ihre Geltung bewahren sollen und in den Menschen Erwartungen erzeugen, die sich als unerfüllbar erweisen. Die psychische und materielle Abhängigkeit von der schon längst außer Kraft gesetzten Norm des vollzeitigen Arbeitsplatzes wird durch vorgefertigte Rufe verstärkt. Die Unmöglichkeit, das Erwartete zu erfüllen, wird von der herrschenden Meinung, dem Alltagsbewusstsein, individuellen Mängeln zugeschrieben. Diese feine mittige Überzeugung treibt alle dazu an, sich mit allen anderen im Wettkampf um knapper werdende Arbeitsplätze dem Diktat des Arbeitsmarktes zu beugen. Menschen werden im Wettlauf um einen dieser Arbeitsplätze gegeneinander ausgespielt, und die Ausgekoppelten gelten als Verlierer und als wertlos. Was bewirkt dieser Prozess, wenn er in die Familie hineingetragen wird? Die Antwort ist überall sichtbar: Abkehr vom Politischen, Selbstvorwürfe, Suche nach Sündenböcke und psychisches Leiden. In dieser Zeit, in der für viele das Vertraute ihre Gültigkeit verliert, erlaubt sich die Bewusstseinsindustrie die endlose Suche nach Selbstbestimmung und Lebenssinn neu zu deuten. Doch die Gültigkeit beruflicher Lebensträume wird mehr und mehr brüchig, ist nur noch für eine Minderheit vorgesehen, und gewährt keine festen Identitäten mehr.

Schon in die kleinen Seelen werden falsche Orientierungsmuster früh eingewoben, um unkritische Fachmenschen für Unternehmen herzustellen. Die heute so hilflose Identitätssuche, drückt nicht den Willen aus, ein unabhängiger Mensch zu werden, es ist im Gegenteil die Furcht nicht dazu zu gehören. Daher argumentieren die meisten Sozialwissenschaftler, dass die Fähigkeit des Individuums, ein autonomes Subjekt zu werden, nur das Ergebnis einer gelungenen Sozialisierung sein könne.

Doch gerade dieses Gelungene, ist oft verpuppt und birgt Unheil für die Gemeinschaft!

Denkgewohnheiten sind so fest verankert, dass sie die Ursachen des Schwindens von Solidarität nicht wahrnehmen. Von hoher staatlicher Warte wird lebendige Gemeinschaft und neuer Familiensinn eingefordert, ein hoffnungsloser Aufruf, denn es wird nicht an die Wurzel gefasst. Hartz IV-Empfänger und Leistungsträger werden gegeneinander getrieben, um sie gefügig für die Wirtschaft zu machen. Denn immer mehr Maschinen fressen die Arbeit auf, da ist Solidarität ein Hemmschuh für Unternehmen. Die Vergesellschaftung darf nicht alles auf die Integration durch Arbeit setzen, auf eine neue Dienstleistungsgesellschaft, in der alle Tätigkeiten nur als Mittel, das Nötigste zu verdienen oder Anerkennungswünschen zu dienen, geschätzt werden. Dadurch bringt sie hilflose und abhängige, resignierende und verhüllte Persönlichkeiten hervor, die im mörderischen Kampf um Arbeit keiner Solidarisierung mehr fähig sind. Die bürgerlich geformte Mittelschicht überzeugt sich selbst von der Ursache der Arbeitslosigkeit, wenn sie Arbeitslose als Ursache ausmachen und als Versager und Faulenzer beschimpfen. Doch was bleibt den Kernbelegschaften im beruflichen Alltag übrig, als Solidarität und Mitmenschliches zu verbergen, um nicht mit in den sozialen Tod getrieben zu werden?

Die Einkapselung der Menschen wird hervorgebracht durch erlernte Überlistungsstrategien, die sie fit machen, um in den Wellenbrechern des Arbeitsmarktes zu überleben. So schmieden sie ihre individuellen Karrieren und benutzen andere.

Im Graben zwischen Ausbildung und Arbeit können aber viele ganz liegen bleiben, wenn sie die Erfahrung machen, dass der Arbeitsmarkt sie mit ihren Qualifikationen und lebensgeschichtlich erworbenen Eigenschaften gar nicht mehr braucht, sie zurückstößt. Das schafft Kränkungen, Verletzungen, Wut und Verzweiflung. Wichtig sind gerade vor und während der Adoleszenz sinnvolle Arbeitsaufgaben, die zunächst mit Größenwünsche aufgeladen, dann überprüft und ins Realistische umgewandelt froh machen. Bei der gegenwärtigen gesellschaftlichen Entwicklung fehlen sie. Dadurch droht das Geltungsstreben völlig in den Vordergrund zu rücken. Die ständige Suche nach neuer Kleidung und das griffbereite Handy ist da nur ein kläglicher Ausgleich. Denn gerade für die jüngeren Lohnabhängigen steht mehr auf dem Spiel als nur die Arbeitsstelle oder die berufliche Position. Es geht um Identitäten, um Selbstbilder und Lebenspläne, deren Realisierung durch die Macht der Arbeitsbesitzer und Arbeitgeber gefährdet ist.

Die anhaltende wirtschaftliche Krise hat im Zusammenwirken mit leeren öffentlichen Kassen nicht nur Unsicherheit und Angst hervorgerufen, sondern auch einen immer größeren Kreis von Menschen in den materiellen und sozialen Ruin geführt. Hinter den mehreren Millionen Fällen von Arbeitslosigkeit verbirgt sich ein Vielfaches von Betroffenen, die in den letzten Jahren einmal arbeitslos waren. Beklommene Eltern können die manifeste und latente Gefahr der Arbeitslosigkeit und die damit einhergehende Zukunftsfurcht vor ihren Kindern nicht verbergen. Die Wahrnehmung und Lebensorientierung der Kinder wird es in psychosozialer und emotionaler Hinsicht bedrängen. Diese Entwicklung bleibt auch den nichtbetroffenen Kindern und Jugendlichen keineswegs verborgen. Sie spüren, wie Angst, Ohnmacht und Verzweiflung bei ihren Freunden wirkt.

Ingesamt sind in diesem Kontext zwei Aspekte für das Sozialisationsfeld Familie und Schule von Bedeutung. Erstens verbinden sich mit den wahrgenommenen oder selbst erfahrenen Lebensrisiken bei Kindern und Jugendlichen generell Zukunftsängste und Orientierungslosigkeit. Die sicher geglaubten Zukunftsperspektiven erschüttern, und gegenwärtiges Lernen wird mit Lebenschancen aufgerechnet. Der zentrale Wert des Schulerfolgs wird widersprüchlich. Da heute Motivation und Leistung vornehmlich aus dem zukünftigen Tauschwert von Zertifikaten abgeleitet wird, geht nun diese verinnerlichte Sinngrundlage schulischen Lernens bei vielen Jugendlichen verloren. Zweitens wird die eigene Lage als ungerecht wahrgenommen, und die weiterhin vorgegebenen Werte von Erfolg und Wohlstand erzeugen bei den Verlierern Ohnmacht, sowie feindliches Verhalten gegenüber noch Schwächeren. Gerade wegen der Konkurrenzbedingungen auf dem Arbeitsmarkt hat sich damit an der Nahtstelle vom Schulabgang zum Beruf der Wettbewerb unbändig verschärft. Dies bleibt nicht ohne Folgen auf die Gegnerschaft im schulischen Leben. Mit immer feineren Lernmethoden wird nur noch der Vorsprung bearbeitet. Anderseits werden bei Lernermatteten Gefühle von Sinnlosigkeit und Unbrauchbarkeit gesteigert. Dieser Wettlauf zerstört Bindungen und verdrängt solidarische Umgangsformen in den Klassenräumen. Der heftigste Druck liegt auf Mittelschichtfamilien, denn sie müssen Abstiege und Statusverluste abwenden. Das Zentrale für die Sicherung positiver Perspektiven für die Lebensplanung ist ein aussichtsreicher Einstieg in das Erwerbssystem. Wenn von den politischen Akteuren nicht ein Rahmen von sichtbarer Verteilungsgerechtigkeit für Bildung gebaut wird, entsteht aggressive Rivalität oder Trostlosigkeit, die sich in Lernabneigung ausdrückt. Statt junge Menschen in Warteschlangen auf den langen Fluren der Arbeitsagenturen einzureihen, müssen schon in den Räumen der Schulen Sicherungen eingewoben werden, wodurch die Privilegien einiger gesellschaftlicher Gruppen ihre Gültigkeit verlieren.

Denn was wird in die Seelen der Jugend hineingebettet, die unter den jetzigen Bedingungen vergesellschaftet wird? Die von einer Generation erzogen wird, der das, was sie einmal verbinden sollte, entglitten ist. Durch konforme und unkritische Erwachsene lösen sich für viele Jugendliche erhoffte Lebensziele in Luft auf. Da wird Falsches vorgelebt. Gefragt sind in dieser prekären Lage mutige Leute, die das Bild nicht nur überpinseln, sondern die verhindern, dass ein Drittel der Gesellschaft an Ränder geschleust wird. Die Verantwortlichen haben jedoch schon vorsorglich Auffangbecken und Abfalleimer für die Abgedrängten eingerichtet: Hauptschule, Arbeitslosengeld II, Sozialhilfe, Sozialpädagogik und Umschulungen. Dort sollen die Auswirkungen eines hoffnungslosen Lebens abgefedert und entsorgt, aber die Ursachen nicht beseitigt werden. Rechte Hände der Konzernherren schreiben wichtige Gesetzesvorlagen an Ministerien. Das Stahlkorsett muss mit neuen Bändern verstärkt werden. Fleißige Wirtschaftswissenschaftler drehen mit neoliberalen Werkzeugen immer dickere Schrauben in den uns umgebenden Panzer, aus Furcht ihr Gebäude könnte gänzlich zusammenstürzen.

Neuntes Kapitel

Gebückt mitmarschieren die Hirne

In einer profitorientierten Wirtschaft ist ausgerechnet der Konsument als Individuum gänzlich ohnmächtig. Nicht nur, dass er der konzentrierten Macht der großen Konzerne gegenübersteht und deren Produkte wohl oder übel hinnehmen muss, weil vielen gar keine andere Wahl bleibt, sondern er ist auch noch Objekt von Bewusstseinsmanipulationen, die ihn das Angebotene freiwillig akzeptieren lassen. Die Entwicklung vom Wettbewerb vieler kleiner Unternehmen zur Vermachtung der Großkonzerne macht den alten aus dem Bewusstsein verdrängten, aber niemals aufgehobenen Sachverhalt wieder sichtbar, dass in unserer wirtschaftlich organisierten Gesellschaft die Nachfrage vom Angebot und nicht das Angebot von der Nachfrage abhängt. Die Konzerne mit ihren Marketingabteilungen produzieren Bedürfnisse und nicht die Bedürfnisse ihre Erzeugnisse.

Die stetig steigenden produzierten Bedürfnisse schwimmen in Containern zu uns übers Meer, werden in Häfen auf große Lastkraftwagen verladen und rollen dann über Autobahnen zu den Konsummärkten. Ein stöhnendes unendliches Band von hergestellten Bedürfnissen fließt Tag für Tag über die Straßen. Gleichzeitig reiben sich Lkw-Hersteller und Treibstoffgiganten verzückt die Hände. Zuletzt belagern aufgescheuchte Konsumenten Parkplätze und irren verträumt vor Regalen umher.

Sobald wir mutig hinter die Bühne schauen, erkennen wir, dass Werbefeldzüge mit Symbolen an Triebstrukturen appellieren, um Kaufentscheidungen des Verbrauchers zu beeinflussen. Die Kosten der Werbefeldzüge schlagen sich natürlich in den Verbraucherpreisen nieder. Die Ausgaben, die von der Wirtschaft getätigt werden, um Menschen zum Kauf bestimmter Waren zu ermuntern, liegen über den Summen die der Staat für Bildung ausgibt. Profitmaximierung der Unternehmen ist wichtiger als Investitionen in die Bildung junger Menschen. Die Wirtschaftspolitik in einem solchen System richtet sich auf ein einziges Ziel: die Vermögenden zu Investitionen zu veranlassen, von denen die wirtschaftliche Entwicklung abhängt. Unverhüllter als in dieser Politik kann man die Abhängigkeit einer ganzen Gesellschaft von einer kleinen Schicht der Besitzenden und die Funktion der Politik in unserer Gesellschaft schwerlich in einem Bühnenbild darstellen. Um die Unternehmer geneigt zu machen, ist es nötig, ihre Gewinnerwartung zu steigern. Zu diesem Zweck muss der Staat ihnen nun mal Sondervorteile einräumen, als Tribut dafür, dass sie weiter investieren und Bedürfnisse anregen.

Es schwingt sich da eine Gruppe zu den Herren des Wirtschaftsmechanismus auf, aber diese beherrscht wie schon immer das Leben der Masse der Abhängigen unserer Gesellschaft.

In diese Abhängigkeiten wird hineingeboren, in ihnen wird sozialisiert, und später können sich Erwachsene nicht mehr von ihnen distanzieren. Natürlich bringt das Gehirn sehr viele Vorinformationen mit, deutet ausgehend von genetisch verankertem Vorwissen und stellt Fragen, aber die Überformung der ursprünglichen Architektur hängt von der Verfügbarkeit der Umwelt und von deren Struktur ab.

Was geht da verschleiert vor sich?

Ein riesiger Saal, gefüllt mit aufgereihten Menschen, alle reglos, nur ihre Hirne schalten und speichern, vorne ein sichtbares und lautes Geschehen, das sich vor ihnen abspult. Das Geschehen wiederholt sich beliebig. Zur gleichen Zeit sitzen unzählige andere in kleinen Räumen zu Hause vor den Bildschirmen und lassen Sehbares und Hörbares vor sich abspielen. Auch tagsüber sitzen Schüler, große und kleine, viele Jahrgänge auf Stühlen und empfangen die Informationen, die man ihnen zugedacht und zugemessen hat.

Wer sitzt hinter den Kulissen und formt? Sinnbotschafter arbeiten als Beleuchter, und legen schwarze und rote Schalter um für wichtig oder abdunkeln. Ständig werden Kulissen hin und her geschoben, neue müssen entworfen und bemalt werden.

So serviert man uns tagtäglich die Neuigkeiten. Herren in feinen maßgeschneiderten Anzügen kommen und gehen, steigen breite Treppen hinauf, vorgefertigtes Lächeln, schütteln Hände, dann wird Papier unterzeichnet, Kameras blitzen. Ein Unternehmen soll in Stücke geschnitten werden. Das ganze läuft unter der Herrschaft von Symbolen, die sich zum Beispiel, Export, Gewinne, Abschreibungen, Milliarden, Entlassungen, mehr Wohlstand für alle, nennt. Nächstes Bild: Damen und Herren mit harten Gesichtszügen, sitzen an langen Tischen, verhandeln um Teile von Prozenten, um Staatsanleihen, um Lohnkürzungen, um Mindestlöhne; das Ganze wegen eines Systems, das sich mit Bezeichnungen wie sozialer Besitzstand, Investitionshindernisse, Verschuldung, Nachfragerückgang, Kapazitätsauslastung und ähnliches schmückt. Dabei nennen oder formulieren weder die Unterzeichner noch die Damen und Herren an den langen Tischen diese Begriffe; sie sind einfach da, allgemein präsent, auch im regungslosen Publikum, eisenfest in allen Hirnen verankert. Nicht ein Gedanke zündet im Zuschauersaal, ob nicht langfristig diese Systeme zu unserem Untergang führen, ja führen müssen. Solche Gedanken überhaupt zu fassen ist den Gehirnen der Anwesenden kaum mehr möglich. Durch einen Wust von Informationen, von Prioritäten, von Koalitionen, von Absprachen und von Telefonaten sind alle Speicherkapazitäten und Netzwerkverschaltungen des Gehirns blockiert – mit anderen Worten, besetzt von Botschaften. Und die Blockierten können nicht das Neue denken, nur das Bekannte verknüpfen.

Manchmal, viel zu selten, gelingt ein neuer Gedanke oder doch eine neue Erkenntnis – ein hoher Beamter gesteht im privaten Gespräch, er und seine Kollegen seien Gefangene des Systems. Nach dem Gespräch fährt er mit dem Dienstwagen wieder in sein großes Büro zurück und nimmt die Sechzigstundenwoche im System wieder auf. Er sitzt, etwa, vor der Fernsehkamera und erklärt, wir dürften nicht so pingelig mit den Wirtschaftsprogrammen sein, besonders bei einer drohenden Rezession nicht, wir müssten ankurbeln. Abends ist der Mensch dann rechtschaffen müde, nach der völligen Abwesenheit von Skrupel bei einer Tätigkeit am Tage, die sinnlos wäre, hätte sie nicht die Billigung des Herrschers über die Hirne.

Wählen wir noch ein Theaterstück aus, ein wesentlich harmloseres, jedoch nur unter der Beleuchtung harmloseres: Eine öffentliche Diskussion. Es tönt laut: Wohlstandsillusion, ihr Bürgerlichen, Arme, Schere, Reiche, Linke, Wirtschaftskrise und rettet den Kapitalismus. Bis weit in die Kreise der Gehirngrößen hinein werden nach wie vor diese Begriffe verwendet, die längst untauglich geworden sind, Wirklichkeit zu erfassen oder zu beschreiben. Da wird beredt mit Wörtern gehandelt, ohne das diese Begriffe noch mehr vermitteln würden als alte, wohlvertraute und damit den Denkprozess behindernde Stallgerüche. Der schönste Begriff ist „Wohlstandsillusion". Er besteht buchstäblich aus nichts anderem als der Angst vor Unwirklichem, der Angst vor Reformen, die nicht stattgefunden haben und nie stattfinden werden, der Angst vor der Enteignung des Häuschen, an die niemand denkt, der Angst vor wirtschaftlichen Niedergang, der real genug ist, und der Zuwendung zu Glaubensgebäuden die Hoffnung versprechen.

Schweigen im Zuschauerraum, Angstschweiß tropft. Botschafter aus Politik und Wirtschaft betreten nun die Bühne, leise Kapitalismuskritik, doch dann laut: rettet unseren Glauben, spannt Rettungsschirme über das Reichengeld. Eine Kontroverse über unser Wirtschaftssystem ist entfacht. Aber diese ökonomisch und ökologisch notwendige Kritik verbündet sich sofort mit der mehr oder weniger verhüllten Anerkennung des gesellschaftlichen und wirtschaftlichen Status quo. Alle schlauen Vorträge in wissenschaftlichen Räumen oder in Vorstandsetagen haben ein Goldkörnchen Wahrheit, aber die zwanghafte Befolgung von kognitiven Mustern der teilnehmenden Hirne können kein anderes Denken zu lassen.

In der Tiefe ist diese Unfähigkeit von alten Begriffen und Mustern wegzukommen, einer der bestürzendsten und gefährlichsten Ausweise der Kolonialmacht alter Denkmuster, die sich nicht überschreiben lassen wollen. Gegen eine Kontroverse kann ein gutsituierter Ideologe eigentlich gar nichts haben. Im Gegenteil, Kontroverse ist der Kraftdünger für seine Gehirn-Äcker. Denn solange darüber gestritten wird, ob eine Kopfpauschale oder eine Reichensteuer eingeführt werden soll, solange kann das System selber, das ein System von Klassenverhältnisse ist, überhaupt nicht in Frage gestellt werden, und der Ideologe gedeiht und wird fetter. Im Bankensektor werden die innovativsten Finanzprodukte entworfen, doch in der Politik begnügt man sich mit einem Sparpaket gegen Arbeitslose, in dem die Prioritäten signalisieren, dass die eigenen Sympathisanten bedient werden. Man spart eher bei den Unbürgerlichen.

Gleiches gilt für die Kontroverse zwischen „bürgerlich" und „links": da sie eine Scheinkontroverse ist, welche nicht mehr den geringsten Bezug zu den tatsächlichen Verhältnissen aufweist, kann sie den Gruppen, welche diese tatsächlichen Verhältnisse herbeigeführt haben, nur recht sein, denn sie behalten ihre Privilegien.

Welche Rolle spielen nun die Meinungsmacher der Medienindustrie auf der Bühne? Wenn ein Hof-Blatt irgendeine Scheinkontroverse entfacht, um seine Leser zu unterhalten, dann gibt es die große Schlagzeile. Diese Wirbel um etwas, ist, natürlich ohne dass der naive Leser es weiß, eine perfekte Beschreibung eines Rituals. Und diese Wirbel bedürfen der Diener, die sie erzeugen – eben der Diener des Alltagsbewusstseins, der Journalisten. Je scheinbar scharfsinniger sie ihren Geschäften nachgehen, so eleganter der Wirbel, desto geschützter die Identität der Ideologen, denen sie verpflichtet sind.

Auf geschickte Weise verknüpfen Meinungsmacher und Produzenten des Alltagsbewusstseins ihren Pragmatismus und ihre Ideologie zu einem Konzept, das bei den bürgerlichen Schichten, die für einige der ökonomische Fragen besonders empfänglich sind, zugleich aber uneingeschränkt an den Hauptströmungen ihrer Wohlstandsgesellschaft festhalten wollen, auf eine günstige Stimmungslage trifft. Einige populistisch aufgeladene Stichworte stechen besonders hervor, und sehnsüchtige Gehirne versammeln sich gerne hinter den Botschaftern.

Erstes: Die in pauschalisierender Form vorgebrachter Sozialstaatskritik fällt in den bürgerlichen Höfen auf einen gut gedünkten Boden. All jene, die glauben, auf staatliche Alimentierung verzichten zu können, neigen ohnehin dazu, im Sozialstaat eine mehr oder weniger überflüssige Einrichtung zu sehen, von der sie ausgeraubt werden. Und diejenigen, die selbst in Gefahr sind, auf das Sicherheitsnetz angewiesen zu sein, glauben, noch aus eigener Kraft seiner Inanspruchnahme entrinnen zu können.

Zweites: Die Empfehlungen von Eigenverantwortung und Selbsthilfe, als die tragenden Prinzipien der sozialen Sicherheit, die nicht auf die Plünderung des Staates setzt, knüpft an den illusorischen Glauben individueller Stärke, und verhehlt vorzüglich die verschlungene Macht von Industrieunternehmen und Staat, wodurch sich viele Lohnarbeiter im Arbeitsprozess weitgehend wie Untertanen beugen müssen.

Allein schon die sich mit der strukturellen Arbeitslosigkeit, die in unserem Staat gefährlich hoch ist, verfestigende Spaltung unserer halbblühenden Gesellschaft in einen produktiven Kernbereich und einen abgedrängten Kranz von Randbewohner, müsste doch die hartnäckigsten Ideologen zur Umkehr anregen. Nichts, nur inneres klatschen. Zu verführerisch die erhofften Einkommen und die steuerlichen Abschreibungsmöglichkeiten. Nur unbewegliche Hirne auf den Rängen. Keinen Schritt zu den Rändern der Gesellschaft.

Drittes: Eine völlig grobe Kritik der linken Politik, die in ihr ein diktatorisches Modell sieht und auf die blanke Denunzierung aller mit diesem Begriff verknüpften Alternativen hinausläuft, setzt auf die ewiggleichen, immer wieder neu geschürten Ängste vor Enteignung und Unfreiheit. Eine Position, die glaubt, sich aus der Scheinalternative „Freiheit oder Sozialismus" definieren zu können, bedient nur diese Ängste der Bevölkerung. Und da gibt es noch genügend konservative Gefühle im Lande.

Viertes: Die bejahende Betonung der Normalität mit ihrer prahlenden Feier der Leistungsträger entwertet alle gegenkulturellen Ansätze. Für die rechten und liberalen Positionen ist es das einheitsstiftende Motiv. Die Ökonomisierung des sozialen Lebens kann vorangetrieben werden. Eine Profitorientiertheit mit ihren gnadenlosen Einschränkungen der Bedürfnisbefriedigung unterer Schichten nimmt Einzug in die Neuronenverschaltungen der Gehirne und feiert dort durch Überschreibungen zahlungskräftige Bedürfnisse in den Konsumsphären der Kreuzschifffahrten bis hinauf zu den Sportwagen und Yachten. Auf den Jahreshauptversammlungen vieler Aktiengesellschaften bewegen sich reibend einige Hände, da bewegt sich Geld in weit geöffneten Schatullen.

Die hier aufgeführten Stichworte, die für die Position einiger Parteien von elementarer Bedeutung sind, lassen sich auch im Rezeptbuch neuerer Institute für Gesellschaftspolitik wieder finden.

Wie kann man den krisenanfälligen Wandlungsprozess unserer Gesellschaft wesentlich erleichtern? Durch gezielte Isolierung aller im Zuge des Umbruchs auftretenden Störfaktoren. Auf der einen Seite die Akzeptanz technischer Neuerungen und auf der anderen Seite die Stabilität der schichtabhängigen Konsummuster. Arbeitslosigkeit wird einfach mit einer größeren Programmauswahl der Fernsehsender, mit Flachbildschirme und kleine Ersatzeinkäufe im H&M Shop gemildert. Diese Einkäufe besänftigen kurzfristig das Gefühl der Leere und man kann sich für wenige Stunden zu den Kleinhabenden zählen. Hochwertigere Schichten erfreuen sich am Abend in feinen Restaurants, in Fahrzeugen der Premium-Klasse und in ihren privaten Winkeln schöner Bausubstanz. Hierdurch wird eine Senkung unserer gesellschaftlichen Konfliktanfälligkeit erreicht, und die billigenden Risiken in die Randgebiete der Städte verschoben, wo sie für den gehobenen Bürger ungesehen bleiben. Nur nicht rütteln am Standort, an Einkommensverhältnissen und Dienstwagen, nur nicht zweifeln am Herkömmlichen. Gleichgültig wie andere leben müssen. Ach ja: sie werden noch gebraucht, die Faulen, auf unserer schönen Bühne der Sündenbockproduktion.

Zehntes Kapitel

Entbehrliches Geld lagert säckeweise in Banken

Unsere chaotische Wirtschaft leidet unter der Massenarbeitslosigkeit. Millionen Menschen wollen arbeiten, finden aber keine bezahlte Arbeit, wodurch ein einfacher Bedarf gestillt werden kann. Ihre Leistung wird nicht nachgefragt. Es ist eine millionenfache Leistungsreserve unserer Volkswirtschaft. Warum lässt unsere Wirtschaft diese riesige und kostspielige Reserve ungenutzt herumstehen? Weil es an Nachfrage nach bezahlter Arbeit fehlt. Es ist, als sei der Bedarf aller gestillt. Es ist, als gäbe es nichts mehr zu tun. Deshalb nehmen wir über 3 Mill. unfreiwillige Nichtsnutze in Kauf, mit aller damit verbundenen Geringschätzung und Entwürdigung. Arbeitslose spüren den Blick der Verachtung, der ihnen oft heimlich folgt.

In unserer kranken Wirtschaft, in der gigantische Konzerne den Ton angeben, ist massenhaft unbefriedigter Bedarf, und zwar sowohl im privaten wie im öffentlichen Bereich. Je länger z.B. Arbeitslose ohne bezahlte Arbeit sind, oder als Aufstocker und Bürgerzwangsarbeiter etwas verdienen, desto stärker müssen sie sich einschränken. Ob da wohl eine kleine Sehnsucht nach einem Häuschen schlummert? Doch sie sollen den Gürtel gefälligst enger schnallen, hört man von den Habenden.

Wir kennen alle die relative Armut kinderreicher Familien in bestimmten Stadtteilen und die blanke Ungerechtigkeit, die diesen Kindern im Schulalltag begegnet. Gerechtigkeit kann sich unsere Gesellschaft in diesen Bereichen nicht leisten. Dafür fehlen ihr anscheinend die Mittel. Dafür ist unsere Volkswirtschaft zu arm, und zusätzlich drücken die Zinsen an der Gurgel. Manche Volkswirte sagen sogar, wir lebten über unsere Verhältnisse. Das mag für einige wenige gesellschaftliche Gruppen zutreffen. Wer muss denn seinen Gürtel enger schnallen, um die Wirtschaft wieder flott zu machen? Denn in Wahrheit könnte unsere Wirtschaft mehr Nachfrage von unteren Schichten gebrauchen. Leistungsreserven von über 3 Millionen Arbeitslose warten auf ihren Einsatz. Doch für die gibt es ja KiK, Netto und klapprige Autos.

Es fehlt offenbar an dem volkswirtschaftlichen Grundwissen, um das Leistungsangebot und den Leistungsbedarf in Deckung zu bringen. Die Wirtschaft krankt, weil der Bedarf vieler Menschen nicht zum Angebot und weil das Angebot nicht zum Bedarf kommt. Der Austausch stockt. Hier stoppt der Strom des volkswirtschaftlichen Kreislaufs. Unternehmen müssen ihre Produkte zwangsläufig mit einem riesigen Investitionsaufwand im Ausland anpreisen. Dafür freuen sich die Investoren. Aber nicht bei allen volkswirtschaftlichen Flüssen ist die Strömung zurückgegangen. Es gibt Geldflüsse, die schneller geworden sind als die Löhne, schneller als die Preise und schneller als die Arbeitslosenzahlen. Man hat also einen langfristigen Vorreiter für das Ansteigen der Leiharbeit, für das Ansteigen der Arbeitslosigkeit und für den Anstieg der befristeten Arbeitsverhältnisse.

Die schwächliche Wirtschaft leidet, weil die Kapitaleinkünfte und Zinsströme innerhalb der Volkswirtschaft in der Vergangenheit im langfristigen Mittel beharrlich und überproportional gestiegen sind. Dabei sind die wirklichen Zinsflüsse gemeint, nicht etwa die Zinssätze der EZB, die steigen oder fallen. Diese Flüsse signalisieren dass durchaus riesige Haufen an Gelder in unserer Volkswirtschaft unterwegs sind. Während die Lohneinkünfte eher stagnieren, tut sich etwas im Bankenreich: nämlich dort, wo Zinsen gezahlt werden. Ein Jahr der Krisen und Konkurse ist zugleich ein gutes Jahr für Banken und Zinserträge. Wo Zinsen fließen, da ist Geld von Verleihern zu Schuldnern verschoben worden, und die Zinsen sind die Kosten dieser Transaktion auf Zeit. Wo viele Zinsen gezahlt werden, dort wird viel Geld ausgeliehen. Wo viel Geld ausgeliehen wird, dort ist Geld in Kassen von solchen Wirtschaftssubjekten, die zwar viel Geld haben, aber keinen Bedarf.

Steigen in einer Volkswirtschaft die Zinsströme stark an, so signalisiert das eben, dass sich mehr und mehr Gelder dort angesammelt haben, wo weder ein eigener Bedarf an Verbrauchsgüter, die schon in Fülle vorhanden sind, noch ein eigener Bedarf an Investitionsgütern besteht. Genau das ist bei uns der Fall. Geld wird einfach bedürfnislos Palettenweise hin und her geschoben.

Wie sehr in den vergangen Jahren die Staatsverschuldung gestiegen ist, dazu braucht nichts mehr gesagt werden. Das der Staat seine Investitionen mit Krediten bezahlt, ist in Ordnung. Was wir uns nicht leisten können, ist die Tatsache, dass alleine die Zinsbelastung der öffentlichen Haushalte den politischen Handlungsspielraum abwürgt. Denn ein immer größerer Anteil der Steuern, die wir an den Staat zahlen, stellt nur ein durchlaufender Posten dar und fließt dann in die Schatullen der Kreditgeber, den Habenden.

Hört sich alles sehr polemisch an. Aber, die Massenarbeitslosigkeit und der massenhafte unbefriedigte Bedarf stehen in einem eigenartigen Zusammenhang. Als wenn eine unsichtbare Macht verhindert, dass sich dieser ändert. Ein Kalkül geht tanzen: zuerst das Herabdrücken der Einkommen und Lebensweise der Arbeiterklasse unter den Stand der eigene Klasse, dann das Einspringen des Sozialstaates für die zurückgehende Nachfrage und der Vermeidung von schweren Konflikten, und endlich die ersehnten Zinsflüsse für die Schuldenaufnahme des Staates in die eigene Kasse. Zinseinnahmen sind eine sichere Bank für die begüterte Schicht, und sie werden in Zukunft weiter steigen.

Scheinwerfer an!

Den Arbeitslosen und Leiharbeiter fehlt es permanent an Geld, um ihren unbefriedigten Bedarf zu stillen. Dem Staat fehlt es an Geld, mit dem er die entstehenden sozialen Kosten begleicht, denn Subventionen will er nicht antasten. Den Unternehmen fehlt es an

Geld, um ihr Eigenkapital aufzustocken. Dem Bedarf fehlt einfach das Geld, ohne das er zur wirksamen Nachfrage werden kann. Der Bedarf kommt nur an Geld, wenn er sich es leiht. Denn das Geld ist dort, wo es immer hin geflossen ist, nicht dort wo Bedarf besteht. Es ist in Kassen, die nicht für die Nachfrage nach Waren, Diensten oder Investitionsgütern, sondern nur zur Nachfrage nach Zinsen gedacht sind. Dieses Geld ohne Bedarf verhilft also nur dem Begehren nach noch mehr Geld. Staatspapiere sind da eine vorzügliche Anlage, denn sie verdoppeln alle 20 Jahre den Inhalt der Schatullen. Die Kellergewölbe der großen Banken müssen ständig vergrößert werden, man gräbt und buddelt, sogar bis in Nachbarstaaten. Die Zinsströme schwellen ständig an, nur wohin mit der unbändigen Flut. Doch nur wer viel Geld hat, wird von den Fluten überschwemmt.

Unvermeidlich trocknen andere Geldflüsse aus. Befinden sich nämlich Gelder nicht in den Kassen der Verbraucher, nicht in den Taschen der ärmeren Klassen, die Güter kaufen wollen, und auch nicht in den Kassen der Unternehmer, die investieren wollen, sondern in den großen Tresoren von Vermögensbesitzer, die schon alles im Überfluss haben, dann müssen Gelder die Kassen wechseln, und das kostet Zinsen. Volkswirtschaftlich fließen die Zinsen in die falsche Richtung, und sie muss auf Pump leben. Der wirtschaftliche Verkehr kommt ins stottern. Unternehmer versuchen nun mit Rationalisierungen ihre Kosten zu senken, vor allem im Personalbereich. Arbeitnehmer schiebt man zuerst ins Abseits, und nur die Leiharbeit gedeiht, vor allem bei Konjunkturaufschwüngen. Die Nachfrage geht immer weiter zurück. Die Werbeindustrie mit einem Volumen von jährlich 30 Milliarden Euro läuft auf vollen Touren.

Unsere Marktwirtschaft ist so aufgebaut, dass aus dem Wirtschaftskreislauf automatisch riesige Mengen Gelder abgezogen werden und in Kassen gelagert werden, wo sie nicht auf Bedarf treffen. Die Kosten für die Rückholung in den Kreislauf sind gewaltig. Sie fallen in Form von Zinsen an und vermehren das Problem, da sie diejenigen belasten, die ohnehin zu wenig Geld haben. Es ist eine einprogrammierte Subventionierung der Wohlhabenden durch die Schaffenden. Eine solche ständige Subventionierung der Vermögenden durch die Produzenten und letztlich der Verbraucher ist nicht nur ungerecht, sondern erst recht volkswirtschaftlich unsinnig. Dieses Einkommen aus Zinsen, Einkommen ohne Leistung, hat die Tendenz zur krankhaften Selbstvermehrung wie bei Krebszellen, die das gesunde Gewebe schädigen und am Ende zerstören.

Wie wird sich nun der Beschäftigungsbereich in unserer Wirtschaft in diesem virulenten Umfeld entwickeln? Arbeitgeber bereinigen beständig ihren Personalbestand. Nicht nur die Lohnkosten senken sich dadurch, auch Umkleideräume, Aborte und Parkplätze verkleinern sich. Arbeitswillige Menschen können nicht mehr durch Arbeit ihren Lebensunterhalt verdienen. Der Staat muss einspringen um die sozialen Folgen und den Nachfragerückgang aufzufangen. Millionen Leiharbeiter sind die neue Reservearmee. In baldiger Zukunft gibt es in den unteren Sozialschichten nur noch Teilzeitbeschäftigte, Leiharbeiter, Arbeitslose und Bürgerarbeiter. Bürgerarbeit als verziertes Hüllwort für Hartz IV-Empfänger. Es kaschiert vorzüglich den von der Politik gut vorbereiteten Weg in die Randgebiete unserer Gesellschaft. Es hilft den Arbeitgebern ihre Säuberung vom unwerten Arbeitspersonal in den Produktionsräumen weiter fortzusetzen. Diese prekären Verhältnisse befallen langsam kriechend die noch gesunden Schichten. Dabei rückt der Bürger, als ursprünglicher Auftraggeber der Wirtschaft immer mehr an den Rand. An seiner Stelle wird nun der Staat zunehmend zum Auftraggeber, auch weil es für Topmanager einfacher ist, zwei Dutzend Politiker zu Milliarden Ausgaben zu bewegen, als Millionen Bürger nochmals zu einer zusätzlichen Konsumsteigerung. Die Zinstöpfe schwellen weiter, wohin nur mit dem Geld.

Doch die Angst der Bürger vor dem Absturz, die Angst vor Komfortschäden, die Angst in die Bedeutungslosigkeit abzurutschen lässt sie alle in eine Richtung laufen. Panikartig werden andere, ohne hinzusehen, zur Seite gedrängt.

Wodurch sind ganze Gehirnareale in der Mitte unserer Gesellschaft überspielt worden? Die innere Landnahme ist gut organisiert. Welche Subjekte werden in diesem wirtschaftlichen Umfeld produziert?

In der gegenwärtigen politischen Lage müssen wir uns darüber klar werden, auf welche Weise Staatsverschuldung als Instrument der privaten Geldschwemme dient. Nun hat die Verbindung von Staat und Finanzkapital in den letzten 20 Jahren einen massiven Wandel erfahren. Sie ist viel internationaler geworden und hat neue spekulative Finanzprodukte hervor gebracht. Was machen die Finanzjongleure heute? Es wird sich für den Kapitalisten eine gute Lösung finden, womit der Rest der arbeitenden Menschen aufs Kreuz gelegt wird. Kopfzerbrechen würde den Akteuren nur eines bereiten: Wenn wir aufstehen und uns wehren. Solange das nicht eintritt, und wir weiter schlummern, werden sie weiter alles auf ihre Klasseninteressen zuschneiden.

Allein durch zwei wichtige Maßnahmen, nämlich eine bedingungslose Grundsicherung und eine Abschöpfung der Geldhalden durch Steuern könnten die Geldeliten zum Grübeln verleiten. Doch schon karren sie ihre Geldhaufen mit wenigen Mausklicken in andere Kontinente.

Elftes Kapitel

Ein Trainingsprogramm für neue Wirtschaftsbürger

Das Kampfeld wird im Kindergarten eröffnet. Die Zukunft der Kinder muss gut vorbereitet sein. Später erleben sie das Vorgefundene als immer schon vorhanden. Sie beobachten, wie Erwachsene eigene Wünsche und Interessen gegen andere durchsetzen. Später eifern sie ihnen nach. So schleicht sich das Ungemach ungewollt herein. In der Schulzeit begehren viele Jugendliche diffus auf. Manchen brodelt es in der Seele, bei anderen wütet es im Bauch. Sie spüren schlummerndes Neues, doch nur das Vorgefertigte soll sich in ihren Hirnen verbreiten, und dort Gleise legen. So wachsen sie ins Leben, wo für wenige der Wohlstand lockt. Sie möchten ausprobieren, testen, Umwege gehen, doch überall laute und verdeckte Appelle: schneller, besser und bitte geradeaus! Irgendwann sind sie angekommen im Reich der Erwachsenen.

Von Heuchlern vernehmen sie dann Aufrufe für mehr Gerechtigkeit und Rückbesinnung auf alte Werte.

Durch den schleichenden Überlauf vieler linker Parteigänger in den bürgerlichen Staat, stabilisieren sich diese Orientierungen und Erfahrungen in den Schulen, und werden als einzig richtig und ausweglos begriffen.

Der Sozialstaat bastelt dadurch aufgerufen beständig an kleinen politischen Reparaturen, um die Wunde Arbeitslosigkeit notdürftig zu verbinden. Damit Menschen sich jedoch weiterhin im Arbeitsmarkt zerreiben sollen, werden heilende Maßnahmen vermieden. Bisher werden die Aussortierten mit kleinen Geldmitteln und einer kargen Wohnung beruhigt, eine effiziente Problemverarbeitung, damit Arbeitgeber weiterhin fügsame Arbeitnehmer einstellen können. Der Staat selber wird so zum Träger und Austragenden kapitalistischer Vergesellschaftsformen in den Subjekten.

Eine Strategie, zur Überwindung der gesellschaftlichen Spaltung, wird im bürgerlichen Lager nicht erwogen. Die entstehende Not durch die betriebswirtschaftliche Organisation der Arbeit und das damit verbundene soziale Leid bedürfte zwangsläufig zu seiner Überwindung ein neues politisches Modell: Die Verteilung der verfügbaren Erwerbsarbeit auf möglichst alle Lohnabhängige, statt die menschenfeindlichen Methoden der Arbeitgeber machtlos hinzunehmen. Feindliche Methoden, in der ständig Vollzeitbeschäftigte abgebaut, Zeitarbeiter und Leiharbeiter aufgestockt, sowie wertlos gewordene Arbeitskräfte rücksichtslos abgeworfen werden.

Doch nun, wo die ganze bürgerliche Leistungsgesinnung entblößt vor uns steht, ist es mit Überpinseln oder auch mit Repressalien auf die Arbeitslosen nicht mehr getan. Denn eines ist klar, Arbeitgeber haben kein Interesse mehr an den vielen Ausgesonderten, sie setzen eher auf qualifizierte Angepasste, die sie mit Belohnungen an ihre Maschinen und Schreibtische locken, um effizient Güter herzustellen. Es ist ihnen völlig gleichgültig, ob Geschundene am Wegrand zurück bleiben, denn der nächste Firmenwagen ist bestellt, um die Tore zu schmücken. Politiker stützen gerne diese Vorhaben, denn sie sind Angestellte der Mächtigen.

Auch mit ethischen Forderungen an die stärkeren gesellschaftlichen Gruppen sind die Entwicklungen nicht aufzuhalten. Es geht um zu Großes, um Positionen, um Herausragendes und machtvolle Bedeutung. Eine Grundvoraussetzung des Erfolgs von neuen Wegen in der Verteilung der Arbeit ist somit immer damit verbunden, dass die jeweils mächtigere Ebene in der Hierarchie gesellschaftlicher Gruppen ihre wichtigsten Interessen nicht verletzt wähnt. Welches Angebot könnte die Politik an die Gruppe der gutbelohnten leistungstragenden Vollzeitbeschäftigten machen, dass sie einen Teil ihrer Arbeit an schwächere Gruppen zurückgeben, ohne an Einfluss zu verlieren?

Vereinzelt gibt es schon Menschen aus dem Hochlohnsektor, die das Kampffeld um Laufbahnen entnervt verlassen, statt Firmen- und Karrierearbeit zu zelebrieren. Wenn z.B. zwei Drittel des monatlichen Einkommens viele Tausend EURO beträgt, so ist doch auch damit ein gutes Leben möglich. Die zweite Voraussetzung ist die, dass die jeweiligen starken Gruppen überhaupt noch ein Interesse an den Schwächeren haben. Doch die besteht nur, wenn die unteren Sozialschichten einen Beitrag zur Reproduktion der bestehenden Machtverhältnisse leisten. Gefügig Konsumieren ist der Beitrag für die Geldvermehrung der Privatwirtschaft.

Wie können hier Menschen einer Auskopplung aus dem Erwerbssystem und einer Aussortierung in dem vorhergehenden Schulsystem entgehen? In der aussterbenden Industriearbeit sind Millionen Arbeiter überflüssig geworden, sie können nicht alle in Billigjobs untergebracht werden. Das aufkommende gesellschaftliche Drama, das schon jetzt wie eine dunkle Wolke am Horizont heraufsteigt, braucht eine abwendungsbereite kraftvolle Politik, die nicht von der Geldelite in Schach gehalten wird. Denn die derzeitige Verteilung der Arbeit lässt vor allem einen Aspekt der Gesellschaft hervortreten: die Organisation der Arbeit sind Verhältnisse von Herrschaft, in der Politik eingebunden ist. Doch sie wird sich nicht aus diesen Herrschaftsverhältnissen lösen wollen, um wieder glaubwürdig zu sein, damit sich viele Menschen nicht mehr hintergangen fühlen.

Sämtliche individuellen Machtkalküle bewegen sich in einem wirtschaftlichen Stahlkorsett und einem zernagenden politischen Rahmen. Alle Kosten für den Ausbildungssektor sind öffentliche Investitionen. Sowohl die Anzahl als auch die Verteilung der Bildungsabschlüsse jedoch sind zweifellos wirtschaftlichen Kontrollen unterworfen, wodurch eben Anreizsysteme der Privatwirtschaft individuelle Lebensentwürfe beeinflussen.

Wie würde sich das Umdenken des Staates als Einkommensverteiler und als Anbieter von Berufspositionen im öffentlichen Dienst auswirken? Der Staat übernähme die Rolle des Vorreiters, wenn eine andere Verteilung der Erwerbsarbeit für seine Getreuen in Angriff genommen wird. Kostenneutral ist die Arbeit im staatlichen Dienst auf mehr Schultern zu verteilen. Für Lehrerehepaare böte sich ein Job Sharing an. Doch weshalb streben so viele Menschen eine Vollzeitbeschäftigung an, obwohl sie auch mit einem Teil ihres Einkommens gut Leben könnten? Sie haben sich aufgebürdet, im Beruf ihre einzige Erfüllung zu finden.

Übrigens ist die Vollzeitbeschäftigung in unserer Gesellschaft eine männliche Beschäftigungsform, während Frauen im größeren Umfang Teilzeit arbeiten dürfen. Der Frauenanteil an der Vollzeitbeschäftigung liegt bei lediglich 30 Prozent, mit abnehmender Tendenz. Dies bedeutet, dass durch Machtverhältnisse mehr Frauen in prekäre Arbeitsverhältnisse gedrängt werden als Männer. Infolge dieser Entwicklungen leiden Männer erheblich unter selbstverordneten Zeitmangel, ein zu wenig an frei verfügbarer Zeit, das auch zu psychisch-sozialen Belastungen führt. Gleichzeitig leiden andere, insbesondere Arbeitslose, häufig an einem zuviel an Zeit, die leere und tote Zeit bleibt. Sie kann nicht sinnvoll gefüllt werden, da sie aus dem gesellschaftlichen Anerkennungsmuster heraus fällt, das überwiegend durch die Beteiligung an Erwerbsarbeit definiert wird. Die Auseinandersetzung um die gerechte Verteilung von Zeit für Berufssarbeit oder für Familienarbeit haben die meisten Frauen verloren.

Immer wenn es um Verteilung geht, geht es um Macht. Solange Menschen in unserer Gesellschaft in alte Herrschaftspfade vor sich hin trotten, solange wird es keine andere Verteilung der Arbeit geben. Wie kann es uns gelingen die alten Pfade der Geführten zu verlassen?

Wir müssen die Fratze der Machtverhältnisse, die sich im Schulwesen noch verhüllt, und sich im Arbeitsleben schon unmaskierter zeigt, wahrnehmen. Dort werden besonders Jugendliche verteilt, manche auf Abstellgleise geschoben, um sich ihnen als zukünftige Konkurrenz zu entledigen. Dieses Ausmaß von erdrückender Gewalt wird von den vergesellschaftlichten Jugendlichen selbst unbewusst verinnerlicht und reproduziert. Sie nehmen nicht wahr, was sie später einmal anrichten werden. Die gegenwärtigen Machtverhältnisse reproduzieren sich zunehmend über das Festhalten früherer unerfüllter Bedürfnisse und heutigen Befriedigungsmöglichkeiten durch Geldanhäufung. Eine andere Verteilung der Arbeit ist ein Loslassen der Macht, und ein Bedeutungsverlust. Der sichtbarste Kristallisationspunkt einer zukünftigen Machtverschiebung wäre die Abschaffung der Hauptschule. Hier wird es sich zeigen, ob die Restschule weiterhin ein Auffangbecken für die Ungeeigneten und Unbegabten bleiben soll, die dort nicht gefördert werden dürfen, damit sie nicht als Störenfriede in den Gymnasien auftreten.

Denn Eltern von leistungsfähigen Schülern bangen um den geplanten Lebensablauf ihrer Kinder, wenn er plötzlich von unbegabten Schülern durchkreuzt wird. Dieser Verdrängungswettlauf im Schulwesen, der mit ausgefeilten Bildungsstrategien verbunden wird, ist im Grunde ein Konkurrenzkampf zwischen den sozialen Schichten. Ein Kampf zwischen abstiegsbedrohten, aufstrebenden und weit abgeschlagenen Milieus, der mit Kindern und Jugendlichen als Werkzeuge ausgetragen wird. Es ist ein Wettkampf mit ungleichen Kampfmitteln. Denn das Durchhalten der Optimierungsstrategie gelingt erwartungsgemäß den Kindern, deren Eltern über ein hohes kulturelles Kapital verfügen, die sich am ehesten auf die schulischen Spielregeln einstellen könne, oder die Nachhilfe an Nachmittagen für selbstverständlich halten. Familien wahren so ihre privilegierte Position, in dem sie kulturelles Kapital in ihre Kinder investieren. Sie sorgen vom Laufstall bis zum Diplom, dass ihr Nachwuchs die für die Erhaltung des sozialen Status notwendigen Zeugnisse erwirbt. Trotz der deutlichen Steigerung der Bildungsbeteiligung des benachteiligten Milieus verbleiben diese auf den unteren Plätzen, während Freiberufler, leitende Angestellte und Beamte ihre ohnehin gute Spitzenposition weiter ausbauen wollen und können.

Gemeinsames Lernen wäre für alle Jugendlichen die schönste und froheste Erfahrung, sie wird jedoch von interessierter Seite mit allen Mitteln verhindert. Ähnlich ist es im Erwerbssystem, auch hier werden früh genug die Nichtqualifizierten in den Niedriglohnsektor geschoben, damit sie nicht als Störenfriede in höheren Lohnsektoren mitbegehren. Denn auf keinen Fall dürfen zu viele Menschen durch niederreißen von Umzäunungen gefördert werden, weder im Schulwesen, noch im Berufssystem. Als Qualifizierte könnten sie ja später um höhere Einkommen mitkonkurrieren. Hohe Einkommen sind nur für privilegierte Schichten vorgesehen, auch wenn sie es für ihren Lebensunterhalt nicht benötigen. Für Mitmenschen symbolisiert es jedoch das Herausragende, und der überquellende Rest lagert in gepanzerten Kellern von Banken.

Der Verfall dieser Gesellschaft wird nur sehr schwer aufzuhalten sein, die einen kaufen das Allernötigste bei Aldi, andere denken über neue Bereicherungsstrategien nach. Weshalb versperrt man einem Fünftel aller jungen Menschen systematisch den Berufseinstieg, damit sie sich dort qualifizieren können? Die Alten haben panische Angst vor dem Ansehensverlust durch das Ende ihres Berufslebens. Deshalb zertreten sie lieber bei vielen jungen Menschen die Lebensentwürfe, statt sich zurücknehmen für mehr eigene Zeit. Die Angst vor dem Ansehensverlust, die Versagensangst, der strafende Blick der frühen Eltern, ist so tief verankert, dass sich viele bis ins hohe Alter in ihre Firmen oder vor Fernsehkameras schleppen. Was hat Ausbildung in ihnen bewirkt?

Tatsächlich ist Ausbildung ein Architekt der Lebensplanung geworden, die nur über Aufstiege, angestrebte soziale Orte, oder über Platzierung nachdenkt.

Welches Amt oder welchen Ort könnte ich noch erklimmen: ist die geheime innere Frage.

Die formale, allein an Abschlüsse orientierte Bildung hat zunächst übersehen lassen, welche Qualität an Bildung da entstanden ist. Denn erhöhte Bildung geht nicht unbedingt mit erhöhtem Grad von Autonomie einher. Stattdessen liegt die Vermutung nahe, dass Wissen forciert unter instrumentalistischen Gesichtspunkten aufgenommen und verwendet wird. Man hat es dann mit einer Bildung zu tun, die nur auf wirtschaftliche Verwertbarkeit ausgerichtet ist, auf komfortables Einkommen und auf Aufstieg hinausläuft. Der instrumentelle Charakter von Schul- und Bildungsabschlüsse dient also hier nicht der Autonomie, sondern der Selbstdurchsetzung mit all ihrer sozial zerstörerischen Potentiale. Je enger also die Menschen an erstrebten Statussymbolen und Statuspositionen kleben, desto schmerzhafter muss sich auch das Wissen auswirken, wenn diese Ziele nicht erreichbar sind, oder sich verflüchtigen. Die Folgen können unterschiedlich sein, und werden auch verschieden verarbeitet. Je höher die Identifikation mit ökonomischen Werten wie Durchsetzung oder Gewinner sein sind, desto mehr sterben Werte wie Solidarität und Rücksichtnahme langsam ab. Lebensentwürfe rangen sich nur noch um sozial Erwünschtes. Diese Lebensformen sind in unserer Gesellschaft vorherrschend, und die Keimlinge werden früh in den Familien gesetzt: meine Durchsetzungsstrategie soll zur Blüte kommen!

Unübersehbar ist der Versuch, die eigene Aufnahme und Vereinigung in die begehrte Gruppe zu sichern, auch wenn andere Personen dadurch verstummt am Wegrand liegen bleiben.

Diese rücksichtslose Bearbeitungsform wird natürlich auch gegen Migranten eingesetzt, denn sie dienen vorzüglich als Sündenböcke, mehr noch wie Alg. II-Empfänger, wenn eigene begehrte Wünsche und Ziele einem verwehrt bleiben. Gerade in Zeiten der vollständigen Verökonomisierung des Alltags und des Denkens, sowie der wachsenden Konkurrenz, führt alles dazu, den eigenen Status als Besitzstand zu verteidigen. Die Abwertung schwacher Gruppen ist bei Personen stärker ausgeprägt, die hohe Abstiegsängste aufweisen. Angst vor sozialem Abstieg verspürt heute die

Hälfte aller Bürger. Also nicht nur in den unteren, sondern auch in mittleren Milieus, mithin bei jenen, die viel zu verlieren haben. Es zeigt sich, dass durch solche Abstiegsbedrohungen sich Menschen immer feindseliger gegenüberstehen. Wie viel Angst ist in dem Anhäufen von Geld enthalten? In einer unsicheren Soziallage wird sich eine andere Verteilung der Arbeit nicht durchsetzen können. Die Politik wird das Bollwerk der Etablierten, das durch Kapital errichtet wurde, nicht niederreißen. Diese Gesellschaft ist ein Beziehungsgefüge von verfeindeten Partikularinteressen. Hier entsteht Handeln durch verführte oder abgewiesene Menschen.

Nicht Integrationskonferenzen sind gefragt, sondern an den Sozialisationsorten der Heranwachsenden muss Rücksichtnahme und Gemeinsamkeit gelebt werden, damit Keime für Solidarität in der Arbeitswelt wieder entstehen.

Der handelnde Mensch, glaubt, wenn sich Probleme seinen Lebensplänen entgegenstellen, sie individuell lösen zu müssen. Er verkennt die gedankliche Isolierung des Problems aus seinen umfassenderen Zusammenhang. Er verkennt den Raum, in dem er sich befindet. Es ist dümmlich es individuell zu lösen, da es in geballter Form als gesellschaftliches verstecktes wiederkehrt.

Die politischen Manager und Parteigänger sind zu stark verschraubt mit den wirtschaftlichen Entwicklungen, und werden auch weiterhin versuchen ihre Programme als sozialen Fortschritt zu verkaufen. Wenn eine soziale Verelendung breiter Bevölkerungsschichten verhindert werden soll, muss eine andere Verteilung der Arbeit in Angriff genommen werden. Politiker dürfen nicht nur vorgefertigte Reden fürs Wahlvolk halten, oder sich hinter ökonomischen Entwicklungen verstecken, deren Dynamik sie nicht kontrollieren können. Sie müssen erkennen, dass sie die Steigbügelhalter dieser profitorientierten Wirtschaft sind, und die ohne die wohlfahrtsstaatlichen Reparaturen ihres angerichteten Schadens nicht überleben könnte.

Entfesselte Kräfte werden sonst Subjekte hervorpressen, die ihnen gemäß sind.

Wenn alle Bürger die Herstellung des Hochlohnsektors oder die massive Steigerung von Zeitarbeit und Leiharbeit als sichtbare Macht von Herrschaftsverhältnissen entschlüsseln, dann kann endlich über diese verschleierten Gewaltverhältnisse in der Arbeitswelt offen gesprochen werden. Gerade die Unsichtbarkeit der Macht des Gegenübers erschwert die Wahrnehmung, und lässt das Elend der Ausgekoppelten akzeptieren. Es gilt wahrzunehmen, dass Fügsamkeit immer mehr unbemerkt die Menschen ergreift. Unsere Profitwirtschaft entpuppt sich nun als ein Trainingsprogramm für bejahende Wirtschaftsmenschen. Dieses Wirtschaftssystem ist allerdings kein Naturereignis, kein entleertes Monster, kein Sachzwang, das einzig seinen eigenen Gesetzen gehorcht. Wer tut, als ob dies so sei, verschleiert, dass es Nutznießer dieser Ordnung gibt, die dieses System genießen und bejahend in ihren Villen vorantreiben. Der Genießer erfährt Bedeutung, er formt sich und erfreut sich in diesen Gewaltverhältnissen.

Doch die von den Mächtigen Ausgesonderten spüren ihr Elend nicht nur in ihren Geldbörsen, sondern auch in den Blicken der Bessergestellten. Leider ist der Einzelne, als der, der sich bloß auf diesen Wellen treiben lässt, ein Mitwirkender des langsam auf uns zu kommenden Dramas.

Zwölftes Kapitel

Das Marktregime im Innern

Wir haben keine andere Wahl, als uns selbst zu verändern: das Selbst zu untersuchen und umzuwandeln, nicht die Welt unseres Selbst. Überall rufen uns die Botschafter in den Medien zu: der Wohlfahrtsstaat ist überlastetet, wir brauchen eine „Selbstaktivierende" Sozialpolitik.

Die massenhafte Übernahme dieser Botschaft gemahnt allerdings an die grundlegende Schwäche des Einzelhändlers: scheinbar frei, zu kaufen und zu verkaufen, ist er – ohne das er sie kennt – ein Opfer der Marktgesetze. Der private Mensch und sein Wille, frei zu wählen, ist von Anbeginn ein Truggebilde. Die Inhalte seiner Wahl gehorchen den Vorschriften der gesellschaftlichen Sphäre und nicht der individuellen Sphäre. Doch unablässig wird eine neue Selbstverantwortungssemantik in unsere Gehirne installiert.

Es ist der innere Drang der bürgerlichen Mitte, das menschliche Wesen nun auf sich selbst zurückzuwerfen. Jetzt, wo es neu verkündet wird, war und ist die Idee des autonomen Bürgers ideologisch. Arbeiter wie Arbeitslose sollen glauben, dass ihr Glück oder Unglück von ihren privaten Fähigkeiten abhinge und sich nicht durch Marktgesetze bestimmte. Doch das Privatinteresse ist selbst schon ein gesellschaftlich bestimmtes Interesse.

Die Kälte in gesellschaftlichen Beziehungen lässt uns bald erstarren. Die Mühe sich psychisch warm zuhalten und den langsam durchsickernden Frost abzuwehren, raubt die Möglichkeit für ein anderes Denken. Das des Verstandes beraubtem Gehirn zieht unwillkürlich Programme an, die eher dazu dienen, Freunde und Feinde auseinander zuhalten, als die Wirklichkeit zu verstehen.

Ohne Reflexion wandern wir auf den alten Gleisen der bürgerlichen Gesellschaft. Unsere privaten Hoffnungen, Wünsche und kläglichen Entmündigungen sind von industriellen Mächten beeinträchtigt. Diese Mächte beeinflussen nicht nur einfach das Private, sondern sie dringen in es ein. Wir müssen vor allem vermeiden, die Gesellschaft oder die mächtigen Konzerne als etwas dem Menschen gegenüber zu stellen. Denn im Mensch ist das gesellschaftliche mächtige oder ohnmächtige Ganze.

Als Nebenprodukt der Selbstaktivierung entsteht die Fetischisierung menschlicher Beziehungen, Reaktionen und Gefühle. Abgehoben von gesellschaftlichen Formen erscheinen sie als individuierte Reaktionen freier Männer und Frauen auf besondere Situationen und nicht als das, was sie wirklich sind: menschliche Reaktionen auf eine unmenschliche Welt. Heute sind diese Beziehungen unmenschlich, denn sie haben mehr mit Dingen und Markt gemein als mit Personen. Und das liegt nicht am bösen Willen, sondern an einer unheilvollen Umgebung. Der Kult der Subjektivität, der Kult sich auszuschmücken, ist eine direkte Reaktion auf ihren Verfall.

In dieses Bild passt der Ansporn der Politik, der Arbeitnehmer müsse zum Unternehmer seines Selbst gemacht werden. Der Mensch in der unteren Hälfte der Gesellschaft als Unternehmer seiner Arbeitskraft und Daseinsfürsorge fügt sich ein in den Traum der oberen Hälfte. Auf der Bühne gehen die Scheinwerfer für das soziale Umfeld aus, denn es muss im Dunkeln bleiben. Ein Sprecher betritt die Bühne und verkündet: Angesichts der schwierigen wirtschaftlichen Lage sei jetzt nicht mehr die Zeit, Forderungen an den Wohlfahrtsstaat zu stellen ohne zu neue Leistungen bereit zu sein. Manche Ansprüche haben ihre Berechtigung verloren, und Kräfte der Selbstorganisation in unserer Gesellschaft müssen aktiviert werden!

In diesen politischen Verlautbarungen wird der Eindruck erweckt, als könne der Einzelne ganz auf sich selbst geworfen tätig werden und der soziale Raum des geforderten Handelns müsse nicht weiter berücksichtigt werden. Zweifellos hat der Wohlfahrtsstaat in den letzten 50 Jahren durch seine sozialen Sicherungsprogramme die Lebensläufe kalkulierbarer gemacht, erzeugte jedoch gleichzeitig abhängige Menschen. Doch vorrangig stabilisierte er die kapitalistische Wirtschaftsform in unserer Gesellschaft, indem er versuchte die wirtschaftlichen Schäden, die in den Menschen angerichtet wurden, zu reparieren. Der Ruf nach Selbstverantwortung signalisiert, dass die stetig steigenden Schäden vom Wohlfahrtsstaat nicht mehr repariert werden können und sollen.

Nun haben nicht alle die gleichen Voraussetzungen für eine selbstaktivierende Lebenspolitik, denn der Staat schafft nicht den Rahmen für Eigeninitiative und Selbstverantwortung. Die einen haben viele Kapitalien, wie finanzielle, kulturelle oder soziale, um sich tatkräftig durchzusetzen, und die anderen haben nichts. Zu befürchten ist, dass jetzt ein neues gesellschaftliches Leitbild in das Alltagsbewusstsein installiert wird, das überwiegend nur an die Maßstäbe der mittleren und gehobenen Schichten andockt.

Die Semantik der Eigenverantwortung beherrscht auch die Beschäftigungspolitik. Die jämmerliche Arbeitsmarktlage verhöhnt die Arbeitsuchenden, wenn Eigeninitiativen gefordert wird. Denn tatsächlich ist die hohe Arbeitslosigkeit auf eine immer geringere Nachfrage von Arbeitskräften zurückzuführen. Vollbeschäftigung wird es zukünftig nicht mehr geben. Doch weiterhin muss Arbeitslosigkeit in Reden der Politiker und Verbandsvertreter als mangelnde Motivation und Eigenverantwortung der Erwerbslosen dargestellt werden, um keinen Zweifel an der Richtigkeit der Profitwirtschaft aufkommen zu lassen. Es darf nicht Zweifel entstehen an unserer Marktwirtschaft, denn viele erhoffen sich Erfüllung von ihr und viele haben ein schönes Leben in ihr.

Von den Arbeitslosen werden jedoch unaufhörliche Bewerbungsanstrengungen verlangt, und unermüdliche Beweglichkeit in der neuen Beschäftigung. Auch die Löhne sind beweglich nach unten, denn der Rest wird ja aufgestockt. Die Richtung ist fein markiert. Unternehmer möchten gänzlich ohne Personalkosten Profit erwirtschaften. Diese massiven Einschnitte in Lebensentwürfe lassen sich nur dann von der Politik medial erfolgreich verwenden, wenn die prekäre Arbeitssituation den Betroffenen als letztlich selbstverschuldet zugerechnet wird. Der Mensch als Unternehmer seiner Arbeitskraft und Daseinsvorsorge fügt sich in die bürgerliche Leitfigur, der damit unter Ausblendung seiner sozialen Umwelt, die aus Herrschaftsverhältnissen besteht, zum Fabrikant seines Selbst wird. Diese politisch geforderte Selbstaktivierung verlagert die Ausbeutung nach innen, und die Arbeitgeber sind von diesem Vorwurf befreit. Jetzt sind auch die diffusen Herrschenden nicht mehr Fokus der Kritik, sondern der Nachbar kann rufen: du bist zu faul etwas gegen deine Arbeitslosigkeit zu tun!

Kann der Sozialstaat mit dieser Strategie seine Beschwichtigungskosten für die Hartz IV-Empfänger senken, hat er die Möglichkeit den Wunsch der Arbeitgeber nach weiteren Steuersenkungen zu befolgen. Gleichzeitig würde sich auch das Konsumentenverhalten der Selbstunternehmer ändern, sie schwenken um zu vorgeordneten Wünschen und die Werbung trifft endlich auf fruchtbareren Boden. Es lässt sich leicht erkennen, dass das neue gesellschaftliche Leitbild, das aus den Selbstverantwortungsforderungen folgt, und mit den einschneidenden Umwälzungen im Bereich des Arbeitsmarktes begründet wird, nun Arbeitslose leichter aus dem gesellschaftlichen Leben ausgebettet und ihre Bedürftigkeit als Faulenzerei eingestuft werden kann. Mit dieser nur individualisierenden Zuschreibung von Verantwortung befreit sich endlich der Sozialstaat von der Aufgabe, Arbeitslosigkeit als Ergebnis vorherrschender marktwirtschaftlicher Bedingungen anzuerkennen. Reift diese Politik zur Blüte, ist sie erst fest im Gehirn verankert, dann ist einer Gesellschaftskritik der Boden entzogen. Die Regierung hat nun ihren Sitz fest im Überich.

Wie entstehen solche Anpassungsmechanismen? Anpassung, Fügsamkeit und der Zwang zur Übereinstimmung nehmen in den verschiedenen sozialen Schichten unserer Gesellschaft verschiedene Formen an. In den mittleren Schichten entscheiden das Vorzeigen der als richtig markierten Bedürfnisse und das Demonstrieren des richtigen Lebensstils nicht nur über den individuellen Aufstieg, sondern auch darüber, ob einer den sozialen Status wird einnehmen können, der ihm nach Herkunft und Bildungsstand zukommt. Oder kann es zur sozialen Ächtung kommen, wenn falsche Bedürfnisse gewählt werden. Die verinnerlicht Angst vor sozialer Isolation wird an allen Orten spürbar. Feindseligkeit überwuchert das Alltagsleben. Soziale Kontrolle, die man über andere ausübt, in der Form: was machen sie beruflich und welche Schule besuchen ihre Kinder, ist eine kaum mehr bewusste Sanktionierung abweichendes Verhalten. Innerhalb der unteren Schichten, d. h. der Masse die im Niedriglohnbereich arbeiten und der Arbeitslosen, regelt sich die Lebenslage des einzelnen über die Sichtweise, die der Träger von Macht ihnen verordnet.

Manchem Arbeitgeber ist Loyalität lieber als Leistung. Von Migranten erwartet man die Übernahme von kleinbürgerlichen Erziehungspraktiken, auf die Herstellung von Sauberkeit, Ordnung und Disziplin abzielende Vergesellschaftung. Die Fügsamkeit der gegeneinander insgeheim Ausgespielten, ihre latente Feindseligkeit geht in den lohnabhängigen Massen einher mit der Übernahme vorgefertigtem Konsumverhalten. Man möchte so gerne gleichziehen mit dem Lebensstiel der mittleren Schicht, so gerne die Bräuche der Kolonialherren übernehmen. Der Unterworfene ohne wirtschaftliche und politische Macht, findet hier seine schmale Chance zumutbarer Lebensidylle in der Nachahmung durch Rasenmähen und Heckenschneiden. An trockenen Sommertagen hört man das grausige Brummen Hunderttausender von Mäher, die vor keiner kleinen Pflanze Halt machen. Bürgerliches Ansehen dient innerhalb der Übernommenen zur wichtigsten Abgrenzung gegen die noch Tieferstehenden, die auf kleinen Balkonen ein paar Würstchen braten. In dem Maße, wie Feindseligkeit in das Gebäude menschlicher Beziehungen einkehrt, passt sich das seelische Gefüge der Bedrängten diesem gesellschaftlichen Zustand in Richtung Anpassung an. Menschen versöhnen sich mit ihrer Lage, in dem sie aneinander leiden und aneinander leiden lassen. Zusätzlich erfüllt Feindseligkeit eine ordnungsgewährende und systemstabilisierende Funktion. Menschen können sich im Vollzug ihrer eigenen Aggressionen gegenüber anderen an das verdeckte Gewaltgesicht bürgerlicher Ordnung erinnern. Dadurch werden sie fügsam, werden sogar zu Komplizen des Unrechts gemacht, dass ihnen immer wieder übergestülpt wurde. Zu viele Menschen erfahren ihre Umgebung ungerecht und hart, ahnen kaum, an welchen Orten sie selbst dazu beitragen, fragen nicht zugleich nach den wahren Ursachen des Zustandes.

Die Einübung in diesen Zustand beginnt schon früh: in der Schule. Auch hier also unter sozialen Bedingungen von Ohnmacht und Macht. Dort lernen die Kinder Angst und die Bedeutung der disziplinierenden Noten kennen. Man lehrt sie, was sie als Berufstätige und Konsumenten an Fähigkeiten benötigen. Die Fähigkeit der Vernunft erwerben Kinder hier nicht. Erklärte man den einzelnen , welche Kapitalinteressen und politische Kommandozentralen dieser Gesellschaft zuliebe ihre Zukunftserwartungen verkürzt und beeinträchtigt wird, und man erklärte es so, dass sie es auch verstehen, dann könnte die Feindseligkeit aus den zwischenmenschlichen Beziehungen der unteren Schichten schwinden. Wo aber in den Schichtungen der Gesellschaft die genährte Feindseligkeit aufzuhören droht, und wo, infolge des Abbaus von Fügsamkeit, offene Aggression gegen herrschende Großkonzerne sich wenden könnte, stehen Muster der einebnenden Beschwichtigung bereit. Sei es die Fähigkeit einzelner Politiker im Alltagsbewusstsein der Bürger Randgruppen als böse Objekte zu installieren, oder die Leute durch verführerische Konsumangebote zu integrieren, irgendetwas hilft schon zu beschwichtigen und abzuspeisen. Die Kanalisierung von Feindseligkeit gegen osteuropäische Fremdarbeiter oder Immigranten führt ja vorübergehend zu einer Entlastung zwischenmenschlicher Konflikte, denn die Mitglieder der Mehrheit rücken etwas näher zusammen. Die Treibjagd auf den freigegebenen Feind hebt aber nur kurzfristig die Vernichtung des zwischenmenschlichen Friedens auf.

Die Verwalter der Kultur und des Alltagsbewusstseins, allesamt Mitglieder der herrschenden Schichten, gehen mitsamt ihren Machtwerkzeugen und wirtschaftlichen Ideologien über die Lohnabhängigen hinweg, rühmen sich noch, wenn die physisch und psychisch krankmachenden Faktoren der feindseligen Sozialverhältnisse in Betrieben von der Pharmaindustrie und den Sozialämtern aufgefangen wird. Die schwierigen und bedenklichen Verhältnisse unserer Arbeitsgesellschaft wird in dem Maße weiter zunehmen, wie die Leiharbeiter, Zeitarbeiter und Aufstocker in die Unternehmen einziehen. Dieser Puffer oder auch Übergangslösung signalisiert nur, dass Unternehmer in Zukunft möglichst ohne Arbeitnehmer tätig sein wollen. Der jetzige Kapitalismus lebt von der Angst vor dem sozialen Abstieg. Angst motiviert immer wieder zur Hinnahme und Übereinkunft mit dem Bestehenden. Die Schwebelage, in der sich unsicher Beschäftigte befinden, drückt es bedrückend aus. Das Festhalten am dreigliedrigen Schulsystem vieler Eltern ist ein weiteres Bild. Vom Traum, zu den Festangestellten zu gehören, angetrieben, bewegen Menschen alle Energien, um den Wettlauf in die Stammbelegschaft zu gewinnen. Dieses Bild vermitteln sie auch ihren Kindern, und in den Schulen weht ein rauer Wind. Lassen die Menschen in ihren Anstrengungen nach, droht der Absturz in die Kellerräume der Gesellschaft, droht die vollständige Trennung von regulärer Erwerbsarbeit.

Bestürzend und fesselnd, daran sei noch einmal erinnert, wirkt die wirtschaftliche Unsicherheit auf das Bewusstsein und Verhalten der Arbeiter und Arbeiterinnen. Dieses Marktgeschehen ist für viele eine Mühle, in der sie wie Korn gemahlen werden. In diesem steinernen Mahlwerk der Unterwerfung vieler in einen gesellschaftlichen Zustand, der ihre Enteignung verschärft, wird mit mageren Konsumartikeln verschleiert, was zu erahnen ist. Dieser Zustand versagt ihnen Selbstbewusstsein, in dem er sie füttert, und in dem er sie vom Aufstieg ausgeschlossen halten soll. Das Mahlwerk wird nicht vom Kapitalismus in Gang gehalten, sondern die Herren der Wirtschaft drehen es unentwegt.

Merkwürdig ist, dass sich die Gemahlenen weiterhin in die Warteschlangen einreihen, die die Job-Center schmücken. Zeigt sich in der dauernden Ablehnung, in den endlosen Zurückweisungen der Wartenden nicht vor allem eine Inszenierung, deren Aufgabe darin besteht, die Arbeitsuchenden von ihrer Nichtigkeit zu überzeugen? Dem gefügigen Publikum das Bild ihres Misserfolgs einzuhämmern und die Vorstellung medial zu verbreiten, die Betroffenen seien selbst dafür verantwortlich? Sie sind nur Besiegte, in die Enge getriebene, gefesselte Einzelschicksale, die sich am Rand der Gesellschaft entlang schleichen. Zwischen diesen Enteigneten und den Kernbelegschaften großer Konzerne entsteht so eine Art milchige Trennscheibe. Und weil man die Enteigneten immer weniger wahrnehmen will, weil man sie sich aus dem eigenen Lebensumfeld entfernt und ausgelöscht vorstellt, bezeichnen wir sie schnell als Ausgeschlossene. Doch ihr Schicksal ist mit uns verzahnt, sie sind an Orte verbannt, verstoßen, unterworfen und störend.

Sie sind einfach Störenfriede.

Es will schon etwas heißen, wenn ein großer Teil der Menschen in einer hoch entwickelten Gesellschaft unauffällig an den Rand des Zusammenbruchs geführt wird. Es will auch etwas heißen, dass viele dazu gebracht werden, um Arbeit zu betteln, und zwar um egal welche und egal um welchen Preis. Wir brauchen nur zu beobachten, wie sie genommen und wieder weggeworfen werden, ganz nach der Lage des wechselhaften Arbeitsmarktes, der mal schrumpft und mal sich bläht. Wir müssen uns nur ansehen, wie sie in vielen Fällen nicht mehr genommen werden, und wie sie, vor allem die jungen, in einer entwürdigenden Verlassenheit dahinleben und wie wir ihnen das übel nehmen. Die Festangestellten, die heute müde und zufrieden in ihr Bett fallen, haben vielleicht schon morgen die heimtückische Furcht, das diffuse Erschrecken davor, als überflüssig angesehen zu werden. Wir sehen, dass das auf einen freien Arbeitsmarkt gegründete System auf einem faulenden Fundament steht. Denn die herrschenden Schichten eignen sich die besten Plätze an. Diese eingefahren Mechanismen, und die Institutionen, die scheinbar in der Lage sein sollen, das Schlimmste abzumildern, drehen leer und hält uns in einem narkotisierten Zustand. Der Schlaf der Menschen, und die Ruhe ganzer Schichten wird durch die Ausübung des Alltagsbewusstsein erreicht, dass unbemerkt wirkt und daher eine um so effizientere Gewalt ausübt. Doch diese Gewalt ist gar nicht mehr notwendig, da sie schon längst in unsere Gehirne eingebunden ist. Diese Zwänge wirken auf uns, ohne das sie sich noch zeigen müssten. Was sich hinter dieser Ruhe verbirgt, herrscht unbemerkt weiter.

Welches Schauspiel uns gerade gegeben wird, sehen wir an der Verwandlung der Vollzeitarbeit in Billigjobs. Und die Politik jubelt: es werden in Zukunft Berge von Arbeitsplätze entstehen. Hinter diesem Schauspiel spielt sich wiederum ein anderes ab, man hört das Totengeläut für Millionen fester Arbeitsplätze. Doch nur wenige hören es.

Wodurch haben wir diesen Gedächtnisschwund erlitten, wie sind wir zu dieser Wahrnehmungsschwäche gekommen? Was ist geschehen, dass heute ein solches Einverständnis aller mit der Ohnmacht ebenso wie mit der Macht herrscht? Alle die, die gewinnen, triumphieren über das Marktgeschehen. Für diejenigen, die nur noch verlieren, gibt es keinerlei Unterstützung mehr. Da droht etwas Schreckenerregendes. Doch wir sitzen immer noch in den Stühlen, sehen das Schauspiel und denken auf der Stelle. Noch immer glauben wir, in unserer Welt der Arbeit zu leben, in ihr zu atmen, ihr zu gehorchen, oder in ihr zu beherrschen. Diese Welt existiert nicht mehr, oder nur noch scheinbar, und das unter der Kontrolle weniger Kräfte, die sie auf diskrete Weise lenken und ihr Scheitern betreiben. Die alte Arbeitswelt siecht dahin, die neue ist allein einer Kaste vorbehalten. Und dann ist da noch die Horde der Arbeitssuchenden, die bleiche Heerschar der Verlierer. Manche von ihnen hoffen noch. Wie dümmlich sie sind! Diejenigen, von denen sie sich alles erhoffen, sind nicht mehr erreichbar. Sie sind in anderen Welten beschäftigt, sie jonglieren mit Rohstoffen, Finanzwerte oder beraten feine Anzüge. Was sollten die Konzernmanager mit all den so kostspieligen Beschäftigten anfangen, für die auch noch die Sozialversicherung gezahlt werden muss und die so hinderlich sind im Vergleich zu stabilen und programmierbaren Maschinen, die immer dienstbar sind und außerdem frei von Klagen und gefährlichen Wünschen?

Die Konzernvorstände beherrschen die über alle Grenzen hinweg globalisierte Welt. Und in diesem Reich, denken arme Teufel von Arbeitssuchenden noch, sie könnten einmal einen Platz finden. Es gibt nicht mehr viel Raum für sie, und dieser enge Raum wird wegen der immer knapper werdenden Arbeit noch eingeengter, obwohl die Arbeit lebensnotwendig für viele Menschen ist. Die Mächtigen der Marktwirtschaft stört das nicht im Geringsten, denn das damit verbundene Elend ist nicht in ihrem Blickfeld, sie sehen es eher als einen unliebsamen Begleiter auf ihrem Weg. Wichtig für sie sind nur Geldmassen, jene nicht greifbaren Kapitalflüsse haben die größte Bedeutung für ihren Ehrgeiz. Diese Haltung ist, von ihrer Bühne betrachtet nur vernünftig.

Es ist ihre Aufgabe als Konzernlenker, ihre berufliche Pflicht und ihre Verständnis von Moral, diese Welt so zu sehen. Und außerdem findet hier eine berauschende und menschliche Begeisterung für Macht und Geld ein Betätigungsfeld. Besitzer einer Jacht und eines Privatjets zu sein ist in diesem Umfeld etwas natürlich begnadetes. Sie stehen über den politischen Regeln und müssen auf keine Ethik und keinerlei Gefühle Rücksicht nehmen. Die privatwirtschaftlichen Gruppen beherrschen somit mehr und mehr die staatlichen Machtinstanzen und die Erwartungen der Menschen. Man hat uns bereits frühzeitig die Gesetze der Konkurrenz und des Wettbewerbs eingeimpft, die Ausrichtung nach den Regeln der internationalen Wirtschaft. Hüten wir uns daher davor, nur anzudeuten, dass die Arbeit immer stärker der Spekulation und der Absicht weniger unterliegt. Denn man hat uns beigebracht, diese geheimnisvollen Regeln auch im Alltäglichen zu respektieren. Die Bedrohungen, die auf ausgemusterte und geschwächte Gruppen niedergehen, deren Klarsicht man heimlich einschläfert, werden auch von handlungsunfähigen Teilen der Gesellschaft schweigend gebilligt.

Die Ausgemusterten sind nun einmal da, aber sie stören wie kaum andere. Richten wir unser Augenmerk mal kurz auf die brutale Gleichgültigkeit ihrer Umgebung, oder die Ablehnung der sie ausgesetzt sind. Und plötzlich erschallt eine Rede von der Arbeitslosigkeit als „unsere größte Sorge", von der Rückkehr zur Vollbeschäftigung als „unserem wichtigstem Ziel". Diese Art von politischer List nennt man soziale Verwerfung. Diese Gleichgültigkeit ist fast immer die Haltung der Mehrheit, und ihre Wirkung ist deshalb nicht zu bremsen. Oder verbirgt sich hinter der mangelnden Aufmerksamkeit eine heimliche Angst: ich könnte in diesem Wettlauf verlieren? Und ist diese Ängstlichkeit vielleicht eine zielstrebig angewandte Strategie, die wie ein trojanisches Pferd langsam in die Gehirne eingeschleust wurde, um sie für den Arbeitsmarkt gefügig zu machen? Dieser halb wache Zustand ist so angenehm, dass wir kein politisches Piratenstück verhindern wollen.

Die Arbeitermassen, die Konsumentenmassen, auf die die Privatwirtschaft bisher angewiesen war und die durch Lohnforderungen Druck auf sie ausüben konnten, werden für die Wirtschaft immer entbehrlicher und können sie kaum noch beeindrucken, denn es gibt in der Ferne bessere Absatzmärkte. Die privatwirtschaftlichen Führungsklassen haben immer agiert und andere verdrängt, haben verführt und gelockt. Denn ihre Privilegien sind nach wie vor Inhalt der Träume und Wunschvorstellungen der Mehrheit. Auch der meisten unteren Schichten sehnen sich nach ihnen, obwohl sie oft behaupten sie zu bekämpfen. Das Geld, die Verteilung der Posten, die Verbindungen und die Anerkennung, man möchte einfach dabei sein. Wer nun zu den Blinden gehört, die sich in gefälliger Selbstsucht mit der Sicherheit ihres eigenen

Arbeitsplatzes zufrieden geben und sich von der Angst angesichts der unstabilen Lage und den Stellenstreichungen nicht betroffen fühlen, stellt eine Gefahr da: Er verlangsamt das Dahinschmelzen des Arbeitsmarktes.

Es ist schon verwunderlich, dass ein reiches Land, in dem langsam sich die Armut ausbreitet und das stolz auf seine Exportüberschüsse ist, es trotz allem feiert, dass sich die Armentafeln mehren. Es wäre auch schrecklich undankbar die Frage zu stellen, was diese munteren Exportbewegungen und die überaus erfreulich positive Außenhandelsbilanz für die Leiharbeiter mit sich bringen. Natürlich treibt den Wirtschaftsbossen vor Stolz die Röte ins Gesicht, wenn sie – umgeben von Zahlen über steigende Minijobs und fallendem Konsum – ihren Platz auf den vorderen Rängen einnehmen. Sie haben keine Zeit über soziale Sphären zu grübeln, wenn sie in ihren Firmenjets über Weltmeere fliegen.

Wie gehen wir nun mit der Jugend um? Die jungen Leute wissen, wie die Gesellschaft funktioniert, die von der Schule als Vorbild dargestellt wird. Sie kennen nicht die Mechanismen der Macht, doch ihre Ergebnisse. Was normalerweise verborgen wird, ist ihnen schon vertraut. Der Erwerb von Bildung hat etwas Strenges und Eiliges in sich. Viele werden früh mit Ablehnungen vertraut gemacht. Die Hartz IV-Jugend lässt man am Straßenrand zurück, und die Straße wird immer weniger befahren. Für den Nachwuchs der Vermögenden wird es jedoch immer enger, da die Vermögenden sich mehren.

Aber statt die neuen Generationen auf ein Leben vorzubereiten, das sich nicht nur über die Beschäftigung definiert, die für viele auch unerreichbar ist, bemüht man sie unverdrossen darum, sie für diesen schwer zugänglichen Platz antreten zu lassen, wo sie abgelehnt werden, mit dem Ergebnis, dass sie von etwas ausgeschlossen werden, das gar nicht mehr existiert. Unter dem Vorwand, auf eine Zukunft vorzubereiten, die unter längst verlorenen Bedingungen möglich war, übergeht man unverdrossen all das, was in den

Lehrplänen nicht auf sie ausgerichtet war. Man hält an dem fest, was man für die Wirtschaft nötig hält. Es herrscht eher die Auffassung, dass junge Menschen nicht zielgerichtet genug ausgebildet werden, und dass sie den Unternehmen wenig Nutzen bringen.

Aber, so werden einige kritische Stimmen sich melden, wozu sollen wir Leuten, die überflüssig sind, noch wirtschaftliche Dinge beibringen? Ist das denn ökonomisch vernünftig? Warum soll man ihnen die Augen öffnen, damit sie ihre Situation durchschauen, stärker unter ihr leiden und sie kritisieren, wenn sie sich doch sonst so ruhig verhalten und fleißig konsumieren. Wir müssen endlich der Realität ins Auge schauen: Die Unternehmen stellen aus einem einfachen Grund nicht ein, weil sie die Arbeiter- und Angestelltenmassen nicht mehr brauchen.

Die Reduzierung von Arbeitsplätzen und ihre Umwandlung in bewegliche Leiharbeit werden zu einer höchst verbreiteten Mode, und zu der sichersten Form der Anpassung der Lohnabhängigen. Diese Umstrukturierungen in den Unternehmen zerstören gleichzeitig ganze Leben und lösen Familienstrukturen auf. Wie lange werden die dadurch Aufgeweckten noch so tun, als ob schliefen? Oder ist schon alles in unseren Gehirnen so fest verdrahtet, dass es keinen Einspruch und keine anderen Wege mehr gesucht werden?

Man ertappt sich bei einem abtrünnigen Gedanken: Ist das Wachstum, dass die voraussehenden Forschungsinstitute uns melden, nicht weit davon entfernt, Arbeitsplätze zu schaffen, schafft es nicht vielmehr deren Abbau? Denn das Nichtarbeiten der Arbeitslosen stellt in Wahrheit einen Mehrwert für die Unternehmen dar, und erhöht auch deren Gewinn. Er fehlt in den Taschen der Lohnabhängigen, doch für Ersatz springt der Staat ein.

Ein neuer Botschafter betritt die Bühne, und spricht mit kalter Stimme: „Die Bereitwilligkeit vieler Hartz IV-Empfänger, eine schlecht bezahlte Arbeit anzunehmen, hängt zum Teil von den zu üppigen Hartz IV-Sätzen ab." Die Schlacht gegen die Ausgegrenzten wird nun lauter. Hinter der Bühne hört man: Wir brauchen eine

Strategie, um die Arbeitswilligkeit der Faulpelze zu entfachen. Eine andere Stimme: Das Anreizsystem ist falsch.

In Wirklichkeit geht aber um etwas anderes. Arbeitgebern ermöglicht es, dank der Unsicherheit die auf den Arbeitnehmern lastet, die Lohnkosten ohne Gegenwehr zu senken. Für die geringe Menge an Arbeit, die noch gebraucht wird, können sie einen noch niedrigeren Preis zahlen. Und das nicht ohne nebenbei noch die Schuld der Opfer hervorzuheben, die nie eifrig genug waren sich für eine Arbeit zu qualifizieren. Das bedeutet vor allem, die Menschen im Voraus so herzustellen, dass sie dem Schlimmsten nicht entgegentreten, sondern es völlig betäubt erdulden.

Dreizehntes Kapitel

Dunkle Wolken

Auf uns lastet eine Bedrohung, wir werden in wirtschaftlichen Räumen gehalten, die sich selbst zerstören, in denen wir aber hartnäckig weiterleben wollen, während sich die künftige Entwicklung dunkel am Himmel abzeichnet. Wir tun alles erdenkliche, um das zu ignorieren.

Wir tun alles andere lieber, als den Graben zu bemerken zwischen einer beherrschenden Marktwirtschaft und den Bewohnern der Räume. Es ist auch angenehmer den beruhigenden Worten der Führer und Strategen des herrschenden Wirtschaftsregimes, die sie mit Hilfe der Politiker an uns richten, zu zuhören. Wenn die Götter dieser Wirtschaft nun weiterhin diese sozialen Räume ruinieren, wenn sie nun vor allem daran festhalten Arbeit zu vernichten und Mitmenschen auszustoßen, dann ist eine Ungerührtheit nicht mehr möglich.

Zum ersten Mal ist die Masse der Arbeitnehmer für die kleine Anzahl der Mächtigen materiell nicht mehr notwendig und wirtschaftlich erst recht nicht. Das ist die Gefahr, die sie auf lange Sicht bedroht, sie sich aber dessen nicht bewusst sind und glauben, Arbeitslosigkeit sei nur eine vorübergehende Folge einer unbeständigen Konjunktur. Die Tatsache, dass das Fehlen der Arbeit, außer neuer Dienstleistungsberufe wie Fußpflege und IT-Berufe, heute zur heimlichen Norm geworden sind, scheint uns allen zu entgehen. Die Wirtschaftsoberen müssen ihre Verschleierung verbergen, die sie in das Alltagsbewusstsein transportiert haben, und die Illusion von der vorhandenen Arbeit, die ja nur vorübergehend nicht da ist, die Illusion eines vorübergehenden Mangels, dass man abzustellen vorgibt. Das ist Betrug, aber man will seinen Einfluss auf alle Bürger erhalten. Auch Frauen rund um den Globus strömen auf die Arbeitsmärkte, wodurch dem Familienlohn-Ideal des Rheinischen Kapitalismus der Boden entzogen wird. Hinter der Norm der Doppelverdiener-Familie des neoliberalen Marktes verbirgt sich eine Realität des abgesenkten Lohnniveaus und sinkenden Lebensstandards für die untere Hälfte der Gesellschaft.

Die Neue Frauenbewegung hat auch ihre Zutaten geliefert, vielleicht unwissentlich. Einerseits die weibliche Laufmannschaft der berufstätigen Mittelschichten mit ihrer Entschlossenheit die männliche Domäne zu durchbrechen, und auf der anderen Seite die weiblichen Teilzeitkräfte, Niedriglohnkolonnen, Putzzüge und Hausmagdangestellten. Letztere sollen keine Würde haben, keine persönliche Weiterentwicklung und keine Befreiung von Abhängigkeitsverhältnissen.

In jeder politischen Rede wird uns mehr Beschäftigung angekündigt, der Zustand wird jedoch nicht eintreten. Botschafter und Zuhörer, Redner und Wähler, sie wissen es alle, sie haben sich um diese Illusion geschart und miteinander verbündet, um dieses Wissen zu leugnen. Andere Reden sind etwas verzweifelt, und haben einen Hauch von Trauer über das untergehende System. Die Entlohnung die uns einschätzte, Arbeitszeiten, Urlaub, Pensionierung, Zeitstrukturen und die Geborgenheit der Gruppe, alles löst sich langsam auf.

Es geht nicht darum, etwas zu beweinen, was nicht mehr existiert. Es geht nicht darum die Globalisierung und neue Technologien abzulehnen. Es geht darum, sich der Enteignung, sich der inneren Landnahme zu entledigen, um die Dinge klar sehen zu können. Die Analysen und Berichte der Wirtschaftspresse, die keinen Widerspruch dulden, vermitteln uns, dass unsere Wirtschaftskultur allein den Führungsschichten vorbehalten ist und nur in den Händen der Entscheidungsträger gut aufgehoben ist. Alle anderen sollen so leben wie es ihnen vorgegeben ist, aber bitte mit etwas mehr Konsum.

Angesichts dieser Verhältnisse ist es schon seltsam, dass niemand daran denkt, das Fehlen der Erwerbsarbeit zur wichtigsten

Zukunftsüberlegung zu machen. Ihr Fehlen wird als Zwischenspiel dargestellt, und auf eine neue Dienstleistungsgesellschaft verwiesen. Doch auch hier wird rationalisiert, und eine immer größer werdende Masse ausgebootet. Wäre es da nicht sinnvoller das Leben vieler, die angesichts des Mangels an Beschäftigung als überflüssig gelten, auf solidarischen Wegen lebbarer zu gestalten, indem die Arbeitszeit generell verkürzt wird?

Oder sind wir nicht auch Opfer einer Amnesie, stecken wir nicht auch mitten in einer vertrauten Welt, die in die Gewalt wirtschaftlicher Mächte geraten ist, in der Falle? In einer Welt, die nicht mehr unserem Rhythmus entspricht, die aber selbst den Takt angibt. Eine Welt wo es wenig Fluchtwege gibt, da sie vollständig von diesem Denken durchdrungen ist. Verbissen wollen wir in ihr weiterleben, an die wir uns klammern, weil wir von ihren Gaben, ihren überquellenden Kaufhäusern auf immer begeistert sind.

Die Frage, wie sich die Zukunft entwickelt, reduziert sich heute auf Untersuchungen der künftigen Nachfrage, auf das Konsumentenverhalten. Es bestimmt die weitere Entwicklung der Warenwelt, also der Welt, die uns wichtig ist. Was wird in genügendem Maße verkauft werden können? Wie kann der wegweisende Ausbeutungsgrad weiter erhöht werden, sodass die Produktion billiger wird, aber immer noch eine ausreichend große Anzahl von Konsumentenströmen mit übervollen Einkaufswagen die Kaufhallen verlassen? Die neuen Propheten, die GfK-Gruppe, die das Konsumklima erforschen, haben die Aufgabe, ihre Ergebnisse als Verheißung der Zukunft zu verkünden und nebenbei die Menschen zu neuen Käufen anzuregen.

Es sollen immer mehr Waren auf immer größer werdenden Märkten verkauft werden. Lange darf deshalb die Verzauberung durch eine Ware nicht anhalten. Immer größere Müllwagen fahren täglich durch Städte, und kippen das Entzauberte auf riesige Berge. Junge einsame Menschen irren mit einem Handy durch Straßen und warten auf eine Botschaft, eine lang ersehnte SMS, um sie kurz nach einem flüchtigen Blick wieder zu löschen. Was ist in uns eingedrungen, was hat uns ausgehebelt? Ein ökonomisches Regime hat sich in uns eingenistet, hat unser Denken übernommen. Was bleibt, ist der Ehrgeiz der Menschen, lieber innerhalb eines Denkfehlers eine hohe Anerkennung erringen, als dieses wirtschaftliche System überwinden, in dem viele so wohlig eingebettet sind. Andere liegen jedoch unter dem Bett, ziehen sich verzweifelt am Laken hoch, um einen wärmenden Platz im System zu bekommen.

Dieses Wärmende ist in Wahrheit eine Herrschaftsausübung, von der wir uns befreien sollten. Wir müssen dieser Auslieferung der Menschen an Marktprozesse entkommen. Gerade die jetzt geplatzte Finanzblase war ganz offenkundig ein gigantischer Überschuss an Rendite suchendem Geld, der in der Realwirtschaft erwirtschaftet wurde, aber in ihr keine renditefähige Anlage fand und sich deshalb neue Anlagemöglichkeiten erst erschuf. Dies geschah auf der Grundlage, dass viele die freien Märkte als etwas Wunderbares sahen, und die Krisenanfälligkeit ignorierten. Dieses wunderbare System erzeugt Arbeitslosigkeit, Armut und schlechte Arbeitsverhältnisse in Form von vermehrter Leiharbeit. Es wird aber interessanterweise nicht als Ausdruck der Krisenanfälligkeit und der politischen Fehler einer kapitalistischen Wirtschaft gesehen, sondern umgekehrt als Folge unseres geplünderten Sozialstaates, der eigentlich als Bollwerk dienen soll, um Menschen vor der Rohheit der freie Märkte zu schützen.

In der aktuellen Krisendebatte werden auch wirtschaftliche Grenzen des Wachstums ignoriert und tabuisiert. Gleichzeitig treffen aber auch Bedürfnisse an ihre Grenzen bei jenen, die schon alles haben. Die permanente Rationalisierung durch den Einsatz immer neuer Techniken treibt die Ökonomie zunächst voran, verwandelt sich aber dann zu einer grausigen Bremse. Sie erzeugt nämlich Arbeitslosigkeit, wenn sie nicht durch Arbeitszeitverkürzung aufgefangen wird, und schmälert über ihre Wirkungen die Massenkaufkraft. Dann sind die Renditeerwartungen der Konzerne in Gefahr, die gerne unter Einsatz von Dauerbeschuss mit Werbung ihre Waren übers Land spülen möchten, um das wenige Geld der unteren Schichten einzusammeln. Immerhin ist die sukzessive Verkürzung der Arbeitszeit ohne Lohnausgleich für alle Erwerbstätigen der einzige Ausweg aus dieser Misere. Zurzeit wird jedoch die Verkürzung nur in Form zunehmender Teilzeitarbeit bei Frauen sowie in Form der Zunahme von befristeter Beschäftigung und boomender Leiharbeit vorangetrieben, um Belegschaftskerne und Beamte vor kleinen Gehaltsminderungen zu bewahren.

Dem herrschenden neoliberalen Denken zufolge gibt es zur jetzigen Arbeitsmarktordnung und der Form der globalen Arbeitsteilung nicht nur keine Alternative, sondern es wird auch behauptet, die Entscheidung diesen Weg zu gehen sei fortschrittlich, und allen Menschen mit Unternehmergeist sei der Erfolg sicher. Es genügt nicht zu erkennen, dass diese Behauptungen unsinnig sind, keiner ernsthaften Überprüfung standhalten und auch durch Tatsachen widerlegt sind. Die Arbeit an einer sozialen Alternative ist schwierig. Das wird ein langer beschwerlicher Fußmarsch. Denn das Grundversprechen der Ideologen lautet, freie Märkte werden zu größeren wirtschaftlichen Erfolgen und wachsenden Wohlstand führen. Die Verschärfung sozialer Ungleichheiten ist gut gelungen, doch die positiven Ergebnisse stehen aus. Ein Wettlauf um höchste Kapitalerträge für Vermögende und die niedrigsten Löhne für die Arbeitnehmer ist im vollen Gange. Das Ergebnis ist überall sichtbar, und wird nicht gut gehen. Wer sich von Ausgrenzung bedroht fühlt, trachtet seinerseits nach Ausgrenzung der noch Schwächeren und der Fremden.

Aufgabe einer Kapitalismuskritik muss sein, die Ursachen dieses gigantischen Versagens aufzudecken. Die Gründe herausfinden, weshalb sich Männer und Frauen, Klagende und Verfechter sich diesem System und sich selbst unterwerfen. Jeder sucht in diesem Schlamm mit eiliger Hand nach Pfründen, Anerkennung und Geld. Dieses Suchen geht mit Unterdrückungs- oder Ausbeutungswerkzeugen einher. Werkzeuge in den Händen der Besitzenden werden jedoch oft als universelle Viren verschleiert, und lähmen damit die gesellschaftlichen Widerstandspotenziale. Das Ungehorsame wird zusätzlich durch die Identifikation von Gewinnern und Verlierern im Steigerungsspiel für beide, Gewinner und Verlierer, klein gehalten.

Die Behauptungen der Liberalen, die ohne Widerstand in unser Alltagsbewusstsein eingewoben wurden, dass Fragen des guten Leben und nach dem Glück Privatsache seien, werden fraglos von der Masse übernommen. Dadurch leisten sie auch der Aufrechterhaltung des Hamsterrades und des Steigerungsspiels heftig Vorschub. Bloß nicht fragen, wohin uns Wachstum und Alltagsbeschleunigung hinführen soll. Solange wir uns auch individuell immer verzweifelter um Standortsicherung und Aufrechterhaltung unserer Wettbewerbsfähigkeit kümmern müssen, solange wir in einem immer schneller sich drehenden Hamsterrad gefangen bleiben, ist es schwierig für unser Gehirn, die Frage des richtigen Lebens einzublenden. Die zweite uns bewegende Frage sollte sein, wie sich der zur Herrschaft im Wirtschaftsleben und im Privatleben gelangte Kapitalismus die Menschen erzieht und schafft die er bedarf. Wir müssen also unseren Blick von dem ökonomischen Kreislauf abziehen und auf die sozialpsychologische Prozesse der Vergesellschaft lenken. Der Ort des Übels ist dann nicht mehr im Geld zu suchen, sondern in den Subjekten. Sie benutzen, wie in der Tier- und Pflanzenwelt zu beobachten, Lockmittel, um andere für sich arbeiten zu lassen. Offensichtlich wird dieses Handeln in unserer Gesellschaft immer mehr bejaht. Und auch im Sozialstaat brauchen sich nicht mehr nur politische Akteure für ihr regulatives Tun rechtfertigen, sondern auch die Wirtschaft braucht, trotz Hilferufe, immer weniger die Menschen wissen lassen, warum sie trotz Dauerarbeitslosigkeit und Millionengehälter, Rohstofffraß und Armut alles beim Alten lässt.

Wer sich durch grenzenlose Beweglichkeit, Mobilität und Anpassungsfähigkeit auszeichnet, und in seiner individuellen Beweglichkeit und Bewegung zum allgemeinen Wohl beiträgt, der kommt im wahrsten Sinne des Wortes groß raus. Die soziale Herrschaft dieser Aktivierungsnorm hat ebenso entfremdenden wie selbstausbeuterischen Charakter. Was den Entfremdungsvorgang angeht, so sieht die Aktivierung von den privaten Wünschen der Menschen ab, um diese voll und ganz im Sinne wirtschaftlicher Interessen zu mobilisieren. „Sozial ist was Arbeit schafft!" ruft es von der politischen Bühne. Alle Personengruppen sollen dieser Mobilisierungsaufforderung folgen, Vorschulkinder und Studierende, Arbeitslose und Frührentner. Erwerbsarbeit als Richtschnur gesellschaftlicher Erwartungen. Wer diese Erwartungen nicht erfüllt ist unsozial. Was die Menschen selbst für sich als Inhalt eines emsigen Lebens wünschen würden, spielt in unserer Wirtschaftsordnung keine Rolle. Wer jedoch die gesellschaftlichen Bedingungen realisieren kann, tatsächlich sich gebeugt hat und eine gewisse Anpassungsfähigkeit zeigt, die ihn belohnt hat, trägt auch zum Schweigen bei. Einfach gesagt: Das Jenseits des heutigen Kapitalismus kommt keineswegs von außen oder von oben, sondern von innen und von unten, vom kritischen Denken.

Die Masse der Bevölkerung schweigt, auch wenn es drückt und sich vereinzelt an Bahnhöfen und Gleisen entlädt. Die bestehenden Herrschaftsverhältnisse nähren sich vom Schweigen. Woher kommt die Apathie der unteren Sozialschichten, diese Kultur des Schweigens? Das gelingt, weil diese Menschen die Theorie von der natürlichen Unterlegenheit der Unteren unter Druck von Macht und Angst, und durch Verlockungen, verinnerlicht haben. Die innere Unterwerfung vor der Übermacht der Arbeitgeber, den Mächtigen, führt dazu, dass die Arbeitnehmer am unteren Rand der Lohnspreizung und Arbeitslose sich selbst so sehen, wie die Arbeitgeber und Arbeitnehmer im Hochlohnsektor sie sehen, nämlich als nichtig. Alles was sie erfahren, ist eine immer neue Bestätigung dieser ihrer Unbrauchbarkeit und Nichtigkeit, und daraus entsteht Armut, Unwissenheit und Fremdbestimmung. Das wichtigste Instrument dieser kulturellen Kolonialisierung, dieser Besetzung des Alltagsbewusstseins, dieses Quartier nehmen im Gehirn, ist die Erziehung in unserem Bildungswesen und die Lernprozesse im bürgerlichen Milieu, die sich im Klima von Konkurrenz und Abstiegsängste vollziehen. Auch die neoliberale Aktion der Wirtschaftpolitik zur Domestizierung, zur inneren Unterwerfung der Fremdbestimmten, ist wahrscheinlich die eindruckvollste politische Krisenstrategie der letzten Jahre. Der Kern dieser Strategie liegt in der staatlichen Politik der Beschäftigungsförderung und der propagierten Schaffung von Arbeitsplätzen um jeden Preis. Das Verteilungsproblem um Arbeit wird dadurch nicht gelöst, sondern es wird gleichzeitig festgelegt, was gedacht und gesagt werden soll.

Jedenfalls ist es ein unmittelbar einleuchtender Aspekt dieser Kultur der Anpassung und des Schweigens. Diese Kultur ist eine ergiebige Möglichkeit zur Kritik unserer Bildungsklassengesellschaft, in der der Grundsatz Wissen ist Macht zum universalen Herrschaftsprinzip geworden ist.

Die Herrschaft der Wissenden ist darum so gefährlich, weil sie sich nicht allein über den gesellschaftlichen Status oder das Privateigentum, sondern über ein selektives Bildungssystem aufrechterhält, das der Mehrheit das Wissen nicht nur vorenthält, sondern in vielen Schulen schon die Fähigkeiten verkümmern lässt. Man kann Schülern ihre Neugier und damit ihre Lernfähigkeit schon sehr früh abdressieren. Hierdurch entsteht in vielen Leben später Arbeitslosigkeit, Armut und sozialer Ausschluss. Doch das wird schnell als ein Problem der Beschäftigung umdefiniert. Die Schaffung von Arbeitsplätzen wird hier zur großen verheißenden Formel, sozusagen die Märchenerzählung gegenwärtiger Politik. Es dient zur Rechtfertigung einer arbeitgeberfreundlichen Regierungshandlung, in der Arbeitnehmer aufeinander gehetzt werden, um sie gefügig zuhalten.

Die staatliche verordnete Beschäftigungsideologie im Sinne von Erzwingung von Erwerbsarbeit verfehlt jedoch unser gesellschaftliches Kernproblem – dem Verteilungskonflikt um Arbeit, Einkommen und Anerkennung – grundsätzlich. Die als natürlich empfundene Hegemonie der Machtverhältnisse im Arbeitsmarkt wird mit Hilfe des Sozialstaats und des Schulwesens in Gang gehalten.

Jugendliche werden mit den unerbittlichen Machtverhältnissen der Bildungsklassengesellschaft langsam durch die Schulen bis in den Arbeitsmarkt geschleust. Die einen durch zufüttern mit Nachhilfe und Psychopharmaka in kleinen Dosen, und die anderen durch Vorbereitung auf einen Dienst mit Besen, Säge und Schere. In dem man nämlich unser Bildungssystem schon immer entsprechend dem Mythos von den begabten Eliten und den schwachbegabten Mehrheiten organisiert, erzeugt man, was erwartet wird. Diese Einwirkungen auf Jugendliche verdammt viele später zum Schweigen. Da im Zuge anhaltender technischer Fortschritte immer mehr Arbeit eingespart wird, kann neue Arbeit nur noch im gering entlohnten Bereich und im befristeten Bereich einer neuen Dienerschaft entstehen. Der magere Lohn verdammt die Ungeförderten hier zum Schweigen. Doch ebenso lautlos umgeben sich Begabte mit feinen Kleidern und hübschen Gärten. Sie sind eingemeindet in Machtverhältnisse, dort fühlen sie sich wohl. Sollen sie in dieser gemütlichen Gemeinde das Prinzip - gleiche Teilhabe an ökonomischer Arbeit - einfordern?

Das Programm der Zwänge zur Annahme von gering entlohnter Beschäftigung ist zentral für eine neue Richtschnur. Das oberste Ziel ist Integration in den Arbeitsprozess, und auch zu unwürdigen Löhnen, denn es wird einfach mit Steuergeldern aufgestockt. Die Großkonzerne und die Mittelschicht haben ihre Wünsche mit Hilfe der Politik ohne Widerstand umsetzen können. Der Staat stützt so die herrschende wirtschaftliche Ordnung, ohne Rücksicht auf soziale Verwerfungen. Die Regierungspolitik preist sich hier als Dienerschaft der Vermögenden an. Das Kommando haben heute die Konzernherren, sie sehen sich unversehens in der Interessenlage früherer Feudalherren.

Ob man diesen Sachverhalt verdrängt oder bedenkt, ob wir ihn aus unserem gesellschaftlichen Alltagsbewusstsein verdammen wollen oder ob wir ihn in unserem Handeln verankern wollen, hängt natürlich von der Interessenlage ab, in der wir uns befinden. Wer möchte sich schon von einem warmen Bett verabschieden.

Die heutige Rendite-Produktion der großen Konzerne gedeiht durch verführte dümmliche Konsumenten, die einfältig dafür sorgen, dass ihnen auch noch die Mehrwertsteuer aufgebrummt wird, bevor sie ihre Kofferräume voll stopfen. Tatsächlich suchen Arbeiter, Arbeiterinnen und Arbeitslose nicht die Überwindung dieser gesellschaftlichen Verhältnisse, sondern kurbeln sie noch kräftig an, um ein wenig partizipieren zu können. Die Teilhabe bekommen sie aber nicht in Form ihrer Suche nach Bildung und Anerkennung, sondern eben in Form von Massenwaren aus Asien, die für kurze Zeit ihr leeres Leben füllen sollen.

Die Frage, was wird in ausreichendem Maße verkauft werden können, ist das Maß aller Dinge. Wie weit können die Lohnkosten gesenkt werden, um jene Umverteilung in Gang zu halten, die mehr Wachstum des eigenen Wohlstandes erwarten lassen; etwas anderes bedeutet die Verbesserung der Gewinnaussichten nicht. Doch das Glück der Menschen ist ein reich beladenes Kaufhaus. Selbst schon Jugendliche bemessen ihren Wert nach dem Besitz von Kleidungsstücke und Handys. Sie werden später mithelfen, dass dieses unsoziale System sich weiterhin Bahn bricht. Es ist in ihnen eingewoben, sie werden sich nicht verweigern. Dieses System hat eine beachtliche Steigerung des Wohlstandes für eine große Gruppe gebracht, und zugleich eine beachtliche Zunahme der Ausgeschlossenen vollbracht. Die Erfolge haben sich die so genannten Leistungsträger selbst zugeschrieben. Doch für die schwelenden sozialen Wunden, die erst bei Konjunktureinbrüchen aufplatzen, werden die unteren Schichten beschuldigt.

Plötzlich werden Stimmen laut, einige im Publikum haben sich erhoben, haben ihr Zagen abgelegt, sie rufen etwas zur Bühne, und dann schallt es durch das ganze Theater: Nicht so, nicht dermaßen, nicht um diesen Preis wollen wir regiert werden!

Es ist ein Symptom unserer Zeit, dass die Menschen die Dinge im Allgemeinen gerne wissen möchten - aber dann auch wieder nicht so genau, weil dies vielleicht zu unbequem wäre, um mit solchen Dingen ohne herbe Verluste ihres Ansehens zurecht zukommen.

Schatten, treten hervor,
das Licht will beginnen mit kleinen Schritten, zeigt ihm den Weg.

Johannes Bobrowski

Über tredition

Der tredition Verlag wurde 2006 in Hamburg gegründet. Seitdem hat tredition Hunderte von Büchern veröffentlicht. Autoren können in wenigen leichten Schritten print-Books, e-Books und audio-Books publizieren. Der Verlag hat das Ziel, die beste und fairste Veröffentlichungsmöglichkeit für Autoren zu bieten.

tredition wurde mit der Erkenntnis gegründet, dass nur etwa jedes 200. bei Verlagen eingereichte Manuskript veröffentlicht wird. Dabei hat jedes Buch seinen Markt, also seine Leser. tredition sorgt dafür, dass für jedes Buch die Leserschaft auch erreicht wird

Autoren können das einzigartige Literatur-Netzwerk von tredition nutzen. Hier bieten zahlreiche Literatur-Partner (das sind Lektoren, Übersetzer, Hörbuchsprecher und Illustratoren) ihre Dienstleistung an, um Manuskripte zu verbessern oder die Vielfalt zu erhöhen. Autoren vereinbaren unabhängig von tredition mit Literatur-Partnern die Konditionen ihrer Zusammenarbeit und können gemeinsam am Erfolg des Buches partizipieren.

Das gesamte Verlagsprogramm von tredition ist bei allen stationären Buchhandlungen und Online-Buchhändlern wie z. B. Amazon erhältlich. e-Books stehen bei den führenden Online-Portalen (z. B. iBook-Store von Apple) zum Verkauf.

Seit 2009 bietet tredition sein Verlagskonzept auch als sogenanntes "White-Label" an. Das bedeutet, dass andere Personen oder Institutionen risikofrei und unkompliziert selbst zum Herausgeber von Bücher und Buchreihen unter eigener Marke werden können.

Mittlerweile zählen zahlreiche renommierte Unternehmen, Zeitschriften-, Zeitungs- und Buchverlage, Universitäten, Forschungseinrichtungen, Unternehmensberatungen zu den Kunden von tredition. Unter www.tredition-corporate.de bietet tredition vielfältige weitere Verlagsleistungen speziell für Geschäftskunden an.

tredition wurde mit mehreren Innovationspreisen ausgezeichnet, u. a. Webfuture Award und Innovationspreis der Buch-Digitale.

tredition ist Mitglied im Börsenverein des Deutschen Buchhandels.